自治体〈危機〉叢書

住民監査請求制度の危機と課題

九州大学大学院法学研究院准教授
田中　孝男

公人の友社

目次　住民監査請求制度の危機と課題

Ⅲ　住民監査請求の運用実態……47

まえがき

最近、自治体の監査委員や監査（委員）事務局職員向けに、住民監査請求制度に関する話をする機会が増えた。研修主催者の方々によると、自治体の規模に関わらず、住民監査請求についてポイントを知りたいという声が多くなっているという。

そこで、これらの講演のために作成したレジュメや資料を基に、講演内容を整理し、さらに内容を補完して、監査委員、監査（委員）事務局職員など関係者を念頭に置いて、住民監査請求と自治体監査制度改革に関するテキストを、まとめてみた。

本書は、理論に新しい知見を提供するような高度な内容を備えるものではない。分かりやすさを旨としたために、監査実務に専門的に携わる方々にも物足りないところがあるだろう。行政関係者を主な読者に想定しているため、市民オンブズマンなど住民監査請求の請求人等になられる方々には、法解釈につき賛成し難い箇所があるかもしれない。

それでも、自治体の監査事務に携わっている人々が、偏見やアレルギーを持つことなく住民監査請求に臨むことができれば、それが自治体の適切な行財政運営に繋がっていくものと、私は考えている。本書は、そのための試行の一つである。

松下圭一先生は、専門的な事項についても、それをできる限り分かりやすく、ブックレット方式で提供することを、近代市民革命時の思想家を例にして、説かれていた。私が大学に勤務し始めた年に、松下先生に直接お会いしたときにも、松下先生からは、学者になって難しい文章を書くのではなく、分かりやすいものを書くべきことを、アドバイスされた。本書が、これに応えているものになっているかどうかは、自信はないものの、読者の判断に委ねたい。

参照した先達の業績を逐一記載することができなくなった。思わぬ失礼を犯したかもしれない。お詫び申し上げる。

この度は、公人の友社・武内英晴社長のお心遣いで、本書を、自治体危機叢書の一冊として、発刊させていただけることになった。住民監査請求が、なぜ、自治体《危機》なのか、疑問に思われる方もいるだろう。住民監査請求が活発に提起されること、そのこと自体は、自治体当局の《危機》かもしれないが、自治体の《危機》ではない。地方自治行政の現場で、住民監査請求制度本来の趣旨を損なうような運用がなされたり、そのような制度改革が進められたりすることが、自治体の《危機》なのである。

武内社長には、私の前著『自治体職員研修の法構造』（公人の友社、二〇一二年）に続き、このような特定の狭いテーマでの刊行を認めていただいた。深く感謝を申し上げる。

平成二五（二〇一三）年八月

田中　孝男

I　本書の意義と構成等

皆さんの自治体では、住民監査請求が提起されたことがあるでしょうか。総務省の『地方自治月報』五六号によると、平成二一（二〇〇九）年度から平成二三（二〇一一）年度までの三年間に住民監査請求が提起されたことのある自治体は、都道府県は全て、市区町村でも約五〇〇にのぼります。市区町村の三割は住民監査請求が提起されていることになります。

また、住民監査請求の提起件数は、人口には比例しません。人口一七〇人ほどの（日本最小の市区町村である）青ヶ島村（東京都）でも住民監査請求が提起されています。今、請求がないからといって、対岸の火事のように傍観してはいられないのです。

そこで、本書は、だいたい次の三つの事項について、述べたいと思います。

①住民監査請求の仕組みをだいたい理解する（制度概説）。

②住民監査請求の運用実態、留意点と課題を提示する（実態検討）。

③監査制度の見直しに関する動きを概観する（改革動向展望）。

私は、平成一七（二〇〇五）年まで、約二〇年間札幌市役所に事務職員として勤務していました。行政実務上、住民監査請求を忌避したくなる職員の皆様の気持ちは、多少は理解しているつもりです。しかし、いまは、研究者の端くれであり、御用学者は自負していません。**自治体の適切な行財政運営のため住民監査請求制度が制度の目的に従って的確に運営されるべき**という観点を私なりに追求して、話を組み立てたいと思います。

以下、本書において頻繁に使用する言葉の意味は、次のとおりです。

①自治法…「地方自治法」。自治令…「地方自治法施行令」。自治則…「地方自治法施行規則」。

②自治体…法律上の「地方公共団体」（主に都道府県と市区町村）のこと。

③市区町村、市区という場合の「区」…特別区（東京二三区）のこと。

④住民監査請求…自治法二四二条の基づく監査委員に対する監査請求のこと。

⑤住民訴訟…自治法二四二条の二に基づく訴訟。ときに、同条二四二条の三の訴訟（「二段階訴訟」ということがあります）も含めて、住民訴訟ということがあります。

年号の表示は、「元号（西暦）」とします。

また、本書には、最高裁判所の裁判例（判例）が出てきます。「裁判年月日・判例集」で表示します。末尾に【★】があるものは、裁判所のホームページ（http://www.courts.go.jp/）で見ることができるものです（平成二五（二〇一三）年八月三一日確認）。

地方自治法の関係条文については、本書巻末に付録として添付していますので、これを適宜参考にしながら本書を読み進めていってください。

II　住民監査請求・住民訴訟制度の概要

まず、住民監査請求・住民訴訟の創設から今日までの制度の推移を、ごく簡単に見ていきます。

一　納税者訴訟制度から住民訴訟制度へ

住民監査請求・住民訴訟制度は、戦後地方自治制度の創設当初（昭和二二（一九四七）年五月三日）から存在していたものではありません。

昭和二三（一九四八）年の、自治法第二次改正のときに、ＧＨＱ（連合国最高司令官総司令部）からの強い要請により、「**納税者訴訟制度**」という名称の制度として創設されたものです。これは、アメリカの **Taxpayer's suits** に倣ったものです。ほとんど直訳ですね。もちろん、納税者訴訟と言っても、課税に対する不服を争う訴訟（税務訴訟）とは全く違うものです。

この納税者訴訟制度には、アメリカの制度と大きく異なるところがありました。最大の違いが、訴訟の前に、行政機関に対して不服申立ての手続を経なければならないのかという点です。アメリカの制度では、訴訟を提起できる資格のある人は、直ちに訴訟を提起できます。これに対して、日本では、まず、先に必ず監査委員に対して住民監査請求を提起しなければなりません。監査結果に不服があるときなどに、納税者訴訟（後に住民訴訟）を提起できるという仕組み（住民監査請求前置主義）になっていました。そのころの行政上の訴訟制度は、不服申立て（訴願）を先に経てからでないと提起できないという訴願前置主義が採用されていました。その是非はどうあれ、住民監査請求前置主義も、当時の訴願前置主義との均衡から説明できると思われます。

さて、この納税者訴訟制度は、昭和三八（一九六三）年の自治法第一七次改正で、住民監査請求・住民訴訟の制度になりました。この昭和三八（一九六三）年改正は、自治体の財務会計制度の大幅な見直しを重要な内容としていましたが、住民監査請求・住民訴訟制度も、そうした、財務会計制度の大幅見直しの一環として整備されたものです。このときの改正によって、現在の住民監査請求・住民訴訟制度の原型ができあがり、ほぼ今日までその姿をとどめています。

その後は、平成九（一九九七）年の自治法第二八次改正により、住民監査請求に対する監査も、条例で定めるところにより、外部監査人と外部監査契約によって行うことができるという制度（外部監査人による住民監査請求監査制度）が創設されました（改正法の施行期日は、平成一〇（一九九八）年一〇月一日）。

もう一つ大きな改正として、平成一四（二〇〇二）年三月の自治法改正が挙げられます。この改正では、特に住民訴訟制度の訴訟類型の一つが改められたほか、住民監査請求制度においても、暫定的停止勧告制度（下記Ⅱ三7参照）が導入されました。

だいたい以上の経過を経て、巻末の現行条文があると、お考えください。

二　制度の趣旨目的

まず、住民監査請求・住民訴訟制度が設けられた趣旨目的について説明します。法の最終的な解釈権は裁判所にありますから、裁判所の判決文に基づきましょう。そうすると、この制度の目的は「**地方財務行政の適正な運営を確保すること**」にあります（最三小判平成一二（二〇〇〇）年一二月一九日民集五四巻九号二七四八頁【★】）。

少し古い最高裁判決の中に、住民訴訟を提起できる権利は、「地方公共団体の構成員である住民全体の利益を保障するために法律によって特別に認められた参政権の一種」と述べているものがあります（最一小判昭和五三（一九七八）年三月三〇日民集三二巻二号四八五頁【★】）。

しかし、次に述べるように、住民監査請求・住民訴訟は、住民であれば外国人でも提起できます。ですから、主権者（国民）の「参政権」保障のために創設した制度ということは、少し難しいと思います。

なお、裁判所は、住民監査請求・住民訴訟制度を日本国憲法（憲法）上絶対必要なものとしているわけではなく、制度を設けるか否かは立法政策の問題としています（最大判昭和三四（一九五九）年七月二〇日民集一三巻八号一一〇三頁【★】）。

三　住民監査請求制度のポイント

それでは、具体的に住民監査請求制度の重要事項を見ていきます。手元に、自治法の関係条文を用意してください（巻末の付録も参照）。

1　請求権者

まず、誰が住民監査請求を提起できるかですが、自治法二四二条一項は、住民監査請求を提起できる人を、「**住民**」としています。この住民というのは、「**住所を有する者**」（自治法一〇条一項）のことをいいます。その自治体に住所があれば、有権者（選挙権者）だけではなく、未成年者も、法人も、外国人も、住民監査請求を提起できるということです。なお、「住所」は、各人の「**生

活の本拠」（民法二二条）のことをいいます（会社・法人の場合、本店や主たる事務所の所在地）。

なお、この「住民」要件は、住民監査請求の請求時点だけではなく、監査終了まで要求されるものです。例えば、請求人が、（住民監査請求の後、監査結果が出る前に、）他の自治体に転居した場合は、請求は不適法（監査をしない＝却下）ということになります。また、個人の財産権ですと請求人の相続人が相続することができますが、住民監査請求の請求権については相続できません。請求人ご本人に不幸があったときは、ご子息の方がこれを引き継ぐといったことはできません。

2　請求先

住民監査請求は、その自治体の監査委員に対して行います（自治法二四二条一項）。

3　請求対象（住民監査請求の対象）

具体的な住民監査請求の対象ですが、自治体の職員がしている、（**違法又は不当な**）①**公金の支出**、②**財産の取得**、**管理**、**処分**、③**契約の締結**、**履行**、④**債務その他の義務負担**、**それと**、⑤**違法又は不当に公金の賦課徴収**、**財産の管理を怠る事実**です。①〜⑤を併せて、住民監査請求の対象は、「**違法又は不当な財務会計行為**」といわれます。請求対象に関する重要事項は、次の三点です。

（1）不当性の審査

住民監査請求に対して、監査委員は、その財務会計行為が違法であるときだけではなく、違法とはならなくても裁量権の行使としては妥当でないもの（＝**不当なもの**）については、勧告をすることができます。ただ、監査委員は、その財務会計行為をした機関と同じ立場で、その機関になり代わってその財務会計行為を行う（怠る）こととしてみたときに、監査委員の判断と異なるから不当だというやり方で、不当性を審査できるかどうかについては、後ほど改めて検討します。

このような、監査委員が同じ立場になり代わって財務会計行為をするときと比較して審査する方法を、以下「**判断代置型審査**」と呼んでおきます。

財務会計行為が政策判断そのものに関わるときにも、その政策判断による財務会計行為が、自治法二条一四項（「地方公共団体は、その事務を処理するに当つては、住民の福祉の増進に努めるとともに、最少の経費で最大の効果を挙げるようにしなければならない。」）や、地方財政法四条一項（「地方公共団体の経費は、その目的を達成するための必要且つ最少の限度をこえて、これを支出してはならない。」）に違反していないかを審理判断する必要があります。実際、住民監査請求に続く住民訴訟において、実質的に新幹線の新駅設置に係る起債の差止めが認められた判決があります（大津地判平成一八（二〇〇六）年九月二五日判例時報一九八七号一二頁【★】、大阪高判平成一九（二〇〇七）年三月一日判例時報一九八七号三頁【★】、最二小決平成一九（二〇〇七年）一〇月一九日判例集未登載により確定）。

（２）財務会計行為に先立つ行為の違法性・不当性審査の可否

おそらく、自治体では、あらゆる種類の政策あるいは事務事業の執行には、予算の執行などの財務会計行為を伴います。例えば、ある事業に専任の職員を配置するのであれば、その職員の給与その他の人件費の支出は、財務会計行為にほかなりません。また、一連の行為が複数の財務会計行為によって構成されることが、よくあります。例えば、予算の裏付けのない物品の購入契約をし、契約に基づいて購入代金を支払うものとします。全体としてみれば、契約から支出まではつながっていますが、それでもこの一連の過程には、①契約の締結と、②公金の支出の二つの財務会計行為が存在します。

このような場合の住民監査請求・住民訴訟の対象については、いろいろな考え方ができますが、現在の判例は、**一連の行為についても先行行為**（**原因行為**）**と後行行為**（**財務会計行為**）**は分けて考えています**。それでも、先行行為が違法不当な場合に、それによって後行の財務会計行為が、**その財務会計行為に関わる財務会計の法規に違反していたりする**ならば、その後行の財務会計行為については、住民監査請求の対象になります。

（３）同一の請求人による同一の財務会計行為に対する請求

最高裁は、同じ住民が同じ財務会計行為を対象として再度の住民監査請求をすることは許されないとしています（最二小判昭和六二（一九八七）年二月二〇日民集四一巻一号一二二頁【★】）。

4　請求期間

住民監査請求は、**違法又は不当な財務会計行為のあった日**（**終わった日**）**から一年以内**に提起しなければなりません（自治法二四二条二項）。この期間を（住民監査請求の）請求期間と呼んでおきます。請求期間を過ぎてからした請求は、住民監査請求の要件を満たさないので、いわゆる「却下」となります。ただし、違法又は不当な財務会計行為が自治体の当局内部で隠蔽されていて発見されないときなど「正当な理由があるとき」は、この請求期間の制限の適用はありません（同項ただし書）。

自治体の有する普通財産である土地（更地）を他人に占拠されているのに放置しているといった「怠る事実」については、この住民監査請求の期間制限規定の適用は、ありません。なお、違法な支出による損害賠償請求権があるのにこれを行使していないというのを「怠る事実」であるとして住民監査請求をする例があります。違法な公金支出そのものについての住民監査請求の請求期間は一年なのに、公金支出に関する損害賠償請求権を怠るならば請求期間がなくなる（正確には、損害賠償請求権が時効で消滅するまでの期間まで請求期間が延びる）というのは、少し変です。そこで、後者の「怠る事実」については「不真正怠る事実」と呼んで、公金支出から一年という請求期間の定めに服するような解釈が採られています。

5　請求方法

住民監査請求は、タイトルに「○○（自治体名）職員措置請求書」と記載し、**請求の要旨を記載した文書をもって行います**（自治令一七二条。自治則一三条・別記様式）。

住民監査請求について、行政手続オンライン化法は適用されていません（総務省関係法令に係る行政手続等における情報通信の技術の利用に関する法律施行規則三条、別表）。そのため、請求書は持参や郵送（宅配便のそれを含む）の方法によることとし、ファクシミリや電子メールによる請求書の提出は認めなくてもよいものと考えられます。

請求書には、請求者の住所氏名のほかに、請求の要旨として、

①監査委員が監査できるように、請求の対象をある程度具体的に特定し（いつ、どこで、職員の誰が、何をしたか）、

②それに対してどのような措置を求めるのか

が書かれている必要があります。

請求対象の特定について、判例はやや厳格です。最三小判平成二（一九九〇年）六月五日民集四四巻四号七一九頁【★】は、「住民監査請求においては、対象とする当該行為等を監査委員が行うべき監査の端緒を与える程度に特定すれば足りるというものではなく、当該行為等を他の事項から区別して特定認識できるように個別的、具体的に摘示することを要し、また、当該行為等

が複数である場合には、当該行為等の性質、目的等に照らしこれらを一体とみてその違法又は不当性を判断するのを相当とする場合を除き、各行為等を他の行為等と区別して特定認識できるように個別的、具体的に摘示することを要する」としています。しかし、住民監査請求の目的に照らせば、違法不当な財務会計行為は請求がなくても監査委員がきちんと監査して是正を図ることが大切ですから、請求の特定に厳格にこだわる姿勢は、住民に無用な不信感を与えるのではないでしょうか。もちろん、監査委員・監査（委員）事務局は、住民監査請求以外にも監査業務があります。ですから、請求の内容や自治体の監査体制なども関わってきますが、請求の対象と趣旨について、請求人の利益にかなうようできる限り善解してほしいと思います。請求対象の財務会計行為に関わる担当課に問い合わせるなどすれば、何を監査すべきか分かることも多いのではないでしょうか。

なお、かつては、請求書に要旨の文字制限がありました（一千字）が、今はそうした制約はありません。今日、請求人の中には、長大な請求書とおびただしい数の（証拠）書類を添えて、監査請求をする人がいます。その場合、仮に実体審査に入るとして、請求書や証拠を吟味するだけで長い時間を要してしまう可能性があります。それでは、監査委員がまず住民監査請求を審査するという制度が、的確には運用されなくなるおそれがあります。少し困ったことですが、行政当局側が権利の濫用だからとそうした請求を却下すると言った乱暴な取扱いは、もちろんできません。

また、違法不当な財務会計行為を証する書面を添付する必要があります（自治法二四二条一項）。

ただし、これは、裁判の証明に要するような厳密な証拠書類ではなく、違法な財務会計行為であることを請求人が知る端緒となったもので足ります（例、新聞記事）。

今日では、情報公開制度により開示された情報を、この「証する書面」に活用することが多くなっていると思います。

なお、住民監査請求をするとき請求人は、自治体（監査委員）に対して手数料を支払う必要はありません（請求書の用紙代や証拠書類の作成経費などは、請求人の自己負担です）。

6　監査の実施

(1)　監査期間

住民監査請求が監査委員（監査（委員）事務局）になされたときは、監査委員は、まず①監査を受理して監査を実施するかどうかを決定します（要件審査）。②受理した請求に対しては、監査を行い、請求対象の財務会計行為が違法又は不当かどうかを、審理します（実体審査）。③監査の結果については、請求に理由がない（棄却）場合、請求に理由があり執行機関に勧告をする場合があります。監査を実施して、場合によっては勧告をするまでの**監査期間は、請求があった日から六〇日以内**です（自治法二四二条五項）。監査期間を過ぎても監査を終えることができないときは、請求人は結果を待たずに、住民訴訟を提起することができます（自治法二四二条の二第一項）。

（2）要件審査

だいたい請求書に審理に必要な事項が書かれており、監査対象となる財務会計行為が分かる書類が添付されていれば、請求書を受け付けることになります。受付をするかどうかについて、監査委員側に裁量はありません。請求に理由がなさそうだからと事務局側で勝手に請求書を請求人に送り返したりすることもできません。

もちろん、提出された請求書が審理に必要な記載を欠くなど、請求を受理するのが難しい場合には、請求人に請求書の補正を求めるのが適切と思います。

請求を見ると、請求期間が経過していて、そのままでは明らかに受理できないことも考えられます。このときでも、請求人に「正当な理由」があれば、請求要件を満たすことになるので、請求人に、なぜ請求期間を過ぎているのかの理由を記載してもらうと良いと思います。

なお、このような補正を求めている時間も、観念的には、先ほどの監査期間（六〇日間）に算入されると解されますので、のんびりとした事務処理はできません。

請求の受付をした場合、なるべく早く監査委員の会議を開催し、合議によって、請求を正式に受理して監査を始めるか否か決定します。行政手続法が「受理」という考え方を採用していないため、法的な「受理」の意味は確立していませんが、ここでは請求要件を満たしていて監査に着手するといった程度の意味でとらえていてください。

自治法は、請求に対する受理につき監査委員の合議を明文では定めていません。しかし、受理した監査請求に対する決定は、後述のとおり監査委員の合議による必要があります。そうすると、その前提行為となる受理の有無も当然に合議によらなければならないと思われます。

ここでは、その住民監査請求が請求要件を満たしているかどうか審査します。これを、以下「**要件審査**」といっておきます。具体的には、①請求人がその自治体の住民であるかどうか、②請求対象の財務会計行為が大体分かるか、またその財務会計行為の違法不当性を示す書類が添付されているかどうか、③請求期間内に請求されているかどうかといったことを審査します。また、先の最高裁昭和六二（一九八七）年判決によれば、同一の請求人が同じ財務会計行為に対して住民監査請求を提起したときも、請求要件を満たしていないと考えてよいと思います。

そして、請求要件を満たしている請求については、受理（監査の実施）を決定し、監査を行います。満たしていない請求については、監査を実施しない旨の決定をします。「受理しない」といったり、「却下する」といったりしています。法律上の定めはありませんが、受理又は却下の決定をした時点で、その旨を請求人に通知しているのが、一般的です。

却下の決定については、法律上、公表義務がありません。あとで触れますが、国（総務省）は、却下の実数を完全には把握できていません。また、自治体は公表義務のない情報を公表しない傾向があります。このため、「却下」の実態は、明らかではありません。

却下の通知に、その理由を記載すべきことを法律で義務付ける規定はありません。しかし、請求の対象（財務会計行為）かどうかや、請求期間経過後の「正当の理由」の判断など、機械的な判断ではなく事実に対する監査委員の評価を伴う「却下」もあります。また、一連の行政活動の中で、先行行為の違法不当性を争点とする住民監査請求では、最高裁が判断をするまでは、その行為が請求の対象となるのかならないのか、はっきりしないものもあります。請求の内容次第の面がありますが、一般的には、**却下の理由を記載するのが、行政に求められる条理にかなった対応です**。また、このように監査委員の判断が影響する事項については、請求人の利益にかなった取扱いを心がけてなるべく受理をする自治体が相当数あります。

さらに、厳密には住民監査請求の対象にはならなくても、監査委員が職権で監査し得ることであれば、それは、自治体の財務会計の適正化という大目的に照らせば、客観的には良かったことのはずです。単に請求要件でこれを却下することには、法的には違法ではないとしても、住民の信頼は勝ち得ないものと思われます。「**できる限り請求人の利益に**」といった態度での受理の決定をすることに支障はほとんどありません。監査結果の不服は住民訴訟で争われる可能性があり、その際、住民監査請求は棄却であったとしても、住民監査請求の請求要件を満たしていなかったとして、住民訴訟も却下することが考えられます。しかし、そうした類の紛争は、住民監査請求を却下しても住民訴訟が提起される可能性が高いと考えられます。ですから、却下すべきものを棄却したからといって裁判所の負担が著しく増えるものとは考えられません。誠実に監査を行う方が、請求人や住民の納得を得ることができるように思われます。

(3) 実体審査①—監査委員の除斥

監査委員は、自己若しくは父母、祖父母、配偶者、子、孫若しくは兄弟姉妹の一身上に関する事件又は自己若しくはこれらの者の従事する業務に直接の利害関係のある事件については、監査することができません（自治法一九九条の二）。

これは、住民監査請求の監査にも適用されると考えられています。ただ、除斥要件を厳格に追及したときに、誰も監査することができなくなることがあり得ます。昔でいえば、監査委員と監査（委員）事務局が関わった食糧費の支出に対する住民監査請求のような場合です。後述の外部監査人による住民監査請求監査を制度化していなければ、形式的法解釈をすると、除斥によって誰も監査できないということになります。機械的に、監査がなされないから請求人が住民訴訟を提起すれば良いといった考えもあるかもしれません。しかし、財務行政の適正化という制度目的からは、仮に除斥要件に該当しそうであっても、まずは、自身で監査させてみるのが、適切なように思います。

なお、住民監査請求監査についても外部監査制度を導入している自治体では、（制度的には請求人の請求があって初めて導入できるのですが）このような監査委員の利害関係事件において、外部監査人による監査を検討してみてはどうかと思います（Ⅱ三10参照）。

（４）実体審査②―請求人に対する証拠の提出及び陳述の機会の付与

要件審査に続いて、受理した請求について、監査委員は、請求事項に理由があるかどうかの監査を行います。詳細な手順は、請求の内容や自治体の事務処理体制などで、少し変わってくるものと思われます。ただ、法律上義務付けられている手続があります。

監査委員は、受理した住民監査請求に対する監査を行うに当たっては、請求人に**証拠の提出及**

び陳述の機会を与えなければなりません（自治法二四二条五項）。

ア　具体的な取扱準則の策定

証拠の提出と陳述の機会の付与について、法令には、これ以上に詳しい定めがありません。そこで、これらの手続に関して、多くの自治体が、「**住民監査請求に伴う証拠の提出及び陳述の取扱基準**」などの名称による内部準則を定めています。実際の事務手続を支障なく、統一的に行うためには、このような定めをすることが、必要不可欠になると思います。

各自治体の定めは良く似ています。監査委員の協議会などでモデルを作成しているのかもしれませんが、私は確認していません。ただ、既存の「取扱基準」でよく見られる内容と、留意すべき課題について、見ていきたいと思います。

イ　証拠の提出

まず、証拠の提出について、多くの基準は、陳述の機会の期日までといった提出期限と、提出方法における郵送による提出を認めることを定めています。

まず提出期限を定めることについて、確かに、監査の結果を出すまでの限られた期間に、五月雨《さみだれ》的に証拠の提出をされても、監査委員としては、スムースな審査に支障が生じると思います。しかし、住民監査請求においては、違法不当な財務会計行為であることについて、請求人に立証責任があるわけではありません。監査委員は、請求人の証拠がなくても請求対象の財務会計行為が違法不当かどうかを審査しなければなりませんし、また、請求人の証拠以外の調査内容などに基づいて当該財務会計行為の違法性や不当性を審査することも考えられます。

そうすると、監査期間の関係で、監査期間内に関するために証拠の提出に関して一定の期限を設けることはやむを得ないとしても、指定期日を過ぎた証拠の提出は一切許さないという定めは、「**自治体の適切な行財政運営**」という住民監査請求・住民訴訟の目的からは、望ましい扱いとは考えられないと思います。取扱い基準でも、例外的に期限経過後の証拠提出を認めています。

取扱基準に、持参、郵送以外の方法についての定めを欠くことがあります。住民監査請求の請求書と同じ考え方をするならば、持参と郵送以外の方法は、認めなくてもよいと思います。

ウ　陳述の機会の実施回数と期日

陳述の機会の実施回数は、案件にもよりますが、基本的には一度だけであることを前提としていると思います。また、陳述の機会は、請求人に何らかの立証責任を課すものではなく、監査委員がより適切に監査をするための機会とすべきものです。監査を終える直前の時期に、アリバイ程度に行うといったことは、適切ではありません。請求受理後、監査委員が事実の把握などを何もしないで、いきなり陳述の機会を設けるのも、審査の充実という点では、適切ではありません。

なお、陳述の期日については、請求人と調整をして、日時・場所を、事前に、請求人に対して通知すべきです。その際、監査委員は、全員が陳述の期日に、請求人の陳述を聞けるようにすべきです。法律上は、全員参加までは義務付けられていませんが、陳述の機会を設けた趣旨からすれば、全ての監査委員が監査の決定に携わるのですから、全員が陳述の機会に参加することが予定されていると思います。

エ　代理人・補佐人

住民監査請求についても代理は認められます。ただ、請求人の法定代理人は当該自治体の住民であることが多いと思いますので、代理人と言えば、弁護士を想定すべきでしょう。陳述の機会における請求人の陳述も、代理人が行うことができます。

また、法律には規定はありませんが、請求人の陳述を援助する補佐人も、基本的には認められるべきものと思われます（行政手続法二〇条三項、行政不服審査法二五条二項参照）。ただ、住民監査請求をすることができる請求人は陳述も自身が行い、補佐人の活用は少ないのではないでしょうか。

なお、事務的には、代理にあっては代理を証する書面等の提出を、補佐人にあっては補佐人出頭に係る監査委員の同意等を求めることが可能と思います。

オ　陳述の方式

陳述は、請求人の口頭によることを想定しています。ただし、口頭の陳述に代えて陳述書を提出してもらいこれを陳述内容とする取扱い（行政手続法二一条参照）をしても良いと思います。

また、陳述に関する記録などについて法律の規定はありませんが、法規定がなくても、陳述について記録を残すことは、当然に必要と思います。

取扱基準では、請求人の陳述時間を三〇分以内（程度）とするものが多数見られます（複数の請求人がいる場合は全部合わせて一時間程度）。このような時間制限は、手続をスムースに行う点では理解できるものの、時間が来たからと言って陳述をさえぎって打ち切る根拠にはできないと思いますので、運用は慎重にしてほしいと思います。

カ　関係職員の立会

監査委員は、請求人の陳述の場合に、必要があれば、請求対象の財務会計行為等に関係する職員を立ち会わせることができます（自治法二四二条七項）。請求人の陳述内容につき事実確認等をするといった、監査をスムースに進める方策として、あるいは請求人不在の場で監査委員と関係職員が談合するような疑いをもたらさないよう、公正を期す方策として、このような関係職員の立会は望ましいように思います。なお、取扱基準に、請求人の陳述の機会には、監査委員が関係職員に立会の機会を与えるものとする旨定めている場合があります。ただ、執行機関側に関係職員の立会権を付与するような誤解を与えます。関係職員が大挙して立ち会うと、請求人に大変な圧力をかけることになり、かえって公正な審査ができなくなるのではないでしょうか。

なお、関係職員が出頭しても、請求人が関係職員に対して直接質問を発することは法律では予定していません。また、監査委員に対する質問権も請求人には付与されていません。その点では、請求人の陳述に係る手続的権利は十分でないという意見を持つ方がいるかもしれません。監査委員が、請求人の陳述をよく聞いて、必要と考えた時は、監査委員の名において請求人の質問事項を関係職員に問うといった運用が期待されます。

なお、関係職員が請求人に質問することは、基本的には許されないと思います。請求内容が分かる財務会計行為の適法妥当性は請求人に対して主張するものではなく、監査委員に対して主張立証すべきものだからです。

キ　陳述権の放棄

陳述の機会を付与しても、請求人が陳述をしないとすることも考えられます。陳述の期日・時間を調整するため請求人に問い合わせるときに、陳述するか否かも聞くことになるでしょう。先に述べたように、陳述書の提出を法に基づく陳述と扱えるようにするなど、柔軟な取扱いと併せて、陳述の機会を考えるのがよいと思います。

ク　陳述の公開・傍聴

陳述の公開について法律は定めがありません。陳述を原則公開するとする基準を定める自治体もある一方で、例外的に傍聴を認め傍聴人を制限するといった定めを置く自治体もあります。公正な審査、公正な手続という点では公開が望ましいようにも見えます。しかし、公開すれば請求人のプライバシーが白日に晒《さら》されることにもなります。私は、少なくとも陳述をすることとなった請求人の意見を聞いた上で、陳述の公開・傍聴人の参加の可否と内容について決定することが望ましいと思います。

例えば、多数の請求人のうち一部が代表して陳述をする場合には、そのほかの請求人について、物理的に可能な範囲で傍聴を認める取扱いが考えられます。

ケ　陳述の記録

取扱基準に定められていないことがありますが、陳述の内容は記録することを明記すべきです。特に、監査委員が三人、四人と多く、陳述の機会に全員の出席が難しいような自治体では、欠席した監査委員が陳述内容を理解するためにも、陳述の記録化を取扱基準で明記することが強く望まれます。

コ　陳述の機会の秩序維持等

取扱基準の多くは、議会の傍聴（取締）規則等を参考にして、立会人や傍聴人の制限事項などについて定めています。また、請求人の陳述についても、「監査委員の指示に従い陳述する」といった趣旨の定め方をしています。陳述の手続が監査の内容を実りあるものにするように、かつ、監査をスムースに行わせるように、監査委員に、陳述の運営をマネジメントしてもらうことは、許されると思います。

なお、監査委員のうち誰が陳述の期日における進行役を務めるのかなど、自治体でより詳細な陳述の機会における手続規定を設けることが考えられます。

(5) 実体審査③—監査委員による監査と関係職員への陳述の聴取

ア　監査の方法

自治法一九九条八項は、「監査委員は、監査のため必要があると認めるときは、関係人の出頭を求め、若しくは関係人について調査し、若しくは関係人に対し帳簿、書類その他の記録の提出を求め、又は学識経験を有する者等から意見を聴くことができる」と規定しています。

この規定は、監査委員の職務一般に適用される規定として、住民監査請求に対する監査にも適用されるものと考えられています。監査委員は、自らの職権を最大限行使して請求事項が違法又は不当な財務会計行為に当たらないかどうかを判断しなければなりません。

ただし、監査を受ける機関側には、当該監査に応じる義務が事実上ありません。自治体の機関側が、監査委員の監査に応じなくとも責任を問われないのです。ただ、こうした誠実性を欠く対応を、監査を受ける機関側がしたときは、監査委員は、監査結果において何らかの措置を勧告することが必要になると思います。

イ　関係職員の陳述の聴取と請求人の立会

監査委員が関係職員の陳述を聴取する場合、請求人を立ち会わせることができます（自治法二四二条七項）。立会の要否の判断は監査委員の裁量であり、請求人に立会を求める権利はないと解されています。ただ、審査の公正さを明らかにするためには、関係職員の陳述の聴取の際は、できる限り、請求人の立会を原則とするのが望ましいと考えられます。もちろん、監査の内容によっては、多部局の職員から陳述を得る必要があったり、数次にわたり同じ関係職員から陳述を聴取したりすることもあり得ますから、あらゆる関係職員からの陳述聴取に請求人の立会が必要だと断言はできません。

この場合の陳述聴取にあって、①聴取期日の請求人への事前通知、②陳述の公開・傍聴、③陳述の記録化、④秩序維持といった事項については、請求人の陳述における諸手続と同じものとなるでしょう。

行政実務では、請求人の意見陳述のときに関係職員からの意見陳述の聴取を同時に行うことも多いと思います。

（6）実体審査④—先行行為の違法を理由とした後行行為（財務会計行為）の審査

先に、財務会計行為の原因となった先行行為の違法性も住民監査請求で審査し得るということを述べましたが、住民訴訟における判例の違法性判断の枠組みは、少し複雑です。

大まかにいえば、後行の財務会計行為をした職員の責任を問うには、「**これに先行する原因行為に違法事由が存する場合であっても、右原因行為を前提としてされた当該職員の行為自体が財務会計法規上の義務に違反する違法なものであるとき**」に限られます（最三小判平成四（一九九二）年一二月一五日民集四六巻九号二七五三頁【★】）。例えば、教育委員会が勧奨退職に応じた教員について三月三一日付けでした昇格処分と退職承認処分が違法であるとしても、これらの処分が著しく合理性を欠きそのためこれに予算執行の適正確保の見地から看過し得ない瑕疵が存するものとは解し得ないときは、首長（自治体の長。知事、市町村長等）は、これらの処分を前提として、これに伴う所要の財務会計上の措置を採るべき義務があるとして、後行の財務会計行為が違法ではないとしています（同平成四年最判）。

また、契約（先行行為）に基づく金銭の支出（後行行為・財務会計行為）につき、**契約締結手続が財務会計法規に違反している場合であっても、その契約が私法上当然に無効になるものではありません。その契約の効力を無効としなければ地方自治関係法令の規定の趣旨を没却する結果となる特段の事情が認められる場合**に限り、私法上無効になるとされています（最三小判昭和六二（一九八七）年五月一九日民集四一巻四号六八七頁【★】）。私法上無効な契約に基づく公金の支出などは当然違法な財務会計行為となり許されませんが、契約が無効ではないときは、自治体側に契約の解除権を行使し得るような状況の場合にこれをせずに公金を支出したようなときなどでなければ、住民訴訟で責任を問われることはありません（最二小判平成二〇（二〇〇八）年一月一八日民集六二巻一号一頁【★】）。なお、これは後行の財務会計行為（金銭の支出等）が争われているものです。先行の財務会計行為（契約）の締結過程でその差止めが求められたときには、その契約の違法性（住民監査請求の場合は、さらに不当性を含む）の有無が、差止めの判断基準となります。

後行の財務会計行為に関わる法規には、会計手続の具体的な規定のほか、地方自治法二条一四項（「地方公共団体は、その事務を処理するに当つては、住民の福祉の増進に努めるとともに、最少の経費で最大の効果を挙げるようにしなければならない。」）や、地方財政法四条一項（「地方公共団体の経費は、その目的を達成するための必要且つ最少の限度をこえて、これを支出してはならない。」）があります。判例は、先行行為の違法が、後行の財務会計行為についてこれらの一般的条項違反と評価すべきものとなるかどうかを審理判断しているものといえるでしょう。

ただし、住民監査請求は違法のみならず不当性も審査できます。「**地方財務行政の適正な運営を確保する**」という住民監査請求の目的に照らして、監査委員が判例よりも柔軟に考えてもよいのではないかと思います。

（7）実体審査⑤―不当性の審査などについて

前記**Ⅱ**三**3**（**1**）で述べたように、監査委員は、請求対象について違法性のみならず不当性まででも審査できます。だからといって、政策的な裁量判断に係る当否まで自ら判断して本当に良いのかと、監査委員の方から、よく質問を受けます。

特に、財務会計行為に先立つ行為（先行行為・原因行為）の違法性・不当性が原因となっている後行行為が住民監査請求の対象となっている場合、監査委員が先行行為である他の執行機関の政策判断を覆すような判断をすることに疑問を持たれるのです。

ここでは、先に挙げた新幹線の新駅整備のための起債のような財務会計行為そのものの不当性審査の枠組みと、先行行為の違法を理由とした後行の財務会計行為の違法性・不当性審査の枠組みを別に考えたいと思います。

ア　財務会計行為そのものの不当性審査

首長等においてその財務会計行為に裁量が認められる場合の審査については、次の考え方があり得ます。

①監査委員には勧告権しかない。勧告に従うかどうかは最終的には関係執行機関の責任と判断による。したがって、監査委員は、争点となっている財務会計行為について違法性のみならず不当性も、自由に審査して、必要な勧告を行えば良い。**（判断代置型審査）**

②確かに、監査委員には勧告権しかない。しかし、当該財務会計行為が政策判断にわたるようなときには、監査委員は専門性の点で執行機関より優れているとはいえないから、執行機関の判断を原則尊重し、それが、裁量権濫用のよう違法になるような場合に勧告すべきである。**（裁量濫用型審査）**

①は、形式的な解釈です。これは、監査委員が、長や関係職員と馴れ合いではないという姿勢

を示す点では、望ましいように読めます。しかし、逆に長や関係職員が、その判断と責任において「勧告には従わない」とする権利・権限を認めるような印象があります。勧告に対する措置に関する規定（自治法二四二条九項）の解釈とも関わりますが、かえって監査委員の監査権限を貶《おとし》める解釈にならないか懸念されるところもあります。

②は、執行機関の政策判断を尊重する点で監査実務を穏当なものにしますが、明文上の根拠が乏しいと思います。仮に、②を基調とした審査方法を採るとしても、裁判における裁量審査の方法を取り入れる必要があります。裁判における裁量審査の方法は、かつては、社会通念から著しく逸脱したものに限り違法として、行政の裁量を比較的広く認める審査方法が、広く認められました。しかし、今日では、**行政当局の判断過程における合理性の有無や、何を考慮したのか（考慮しなかったのか）を問う審査**に代わりつつあります。こうした審査の方法を「**判断過程統制**」と呼んでいます。

監査委員は、建前としては、財務会計行為の違法性等判断について裁判所より専門性が高いはずです。それゆえ、監査委員は、少なくとも、判断過程統制の方法によって、財務会計行為の違法性について、審査をすべきです。この判断過程統制の方法は、長等の裁量的判断の不当性についても審理をカバーするものになると思います。

さらに進んで、いわゆる行政評価、政策評価の手法が行政実務に取り入れられ、しかも、当該請求対象について、行政評価（政策評価）の手法による審査がなじむものがあり得ます。こうした場合には、**行政評価（政策評価）手法を取り入れること**が、監査委員の不当性審査にとって有意義と思います。

イ　先行行為の違法性・不当性と財務会計行為の審査

この場合については、

（i）先行行為・違法→後行行為・違法
（ii）先行行為・違法→後行行為・不当
（iii）先行行為・不当→後行行為・違法
（iv）先行行為・不当→後行行為・不当

の四つの組み合わせが考えられます。

ただし、（i）は、裁判所の判断枠組みとなりますから、前記II三6（6）の内容と一致することになります。また、（iii）は、先行行為と後行行為は関連しますが、後行の財務会計法規違反が独立して問題となるものと思われます。

そこで、（ii）（iv）が問題となるわけですが、監査委員は、論理的には、（ii）（iv）のどちらについても、必要な審査をし、勧告をすることができることになると思います。ただし、（ii）と（iv）分けて考えてみます。

まず、（ii）においては、法治国家である限り、違法な先行行為についてはこれを糺すことが、自治体には要求されます。また、監査委員は、適法性・効率性の観点等から行政監査を行えます（自治法一九九条二項、自治令一四〇条の六）。したがって、違法な先行行為に起因して財務会計行為が不当になっているときには、可能な範囲での勧告をすることが監査委員には当然に要求されると思います。

一方、（ⅳ）については、先行行為が専門的な政策判断や政治的判断に関わるときには、監査委員が判断代置型の審査をすることに気が引けるかもしれません。しかし、アで述べた「判断過程統制」の方法によって先行行為の不当性を審査することは可能と思われます。また、監査委員が行政監査を行えることについても、右に述べたとおりです。その上、後述のとおり、監査委員が行い得る勧告は請求人の請求に限られず様々なものが可能です。したがって、監査委員は、先行行為の不当性に基づく不当な財務会計行為について、柔軟な内容の勧告を行うべきでしょう。

7　暫定的停止勧告

監査委員は、受理した住民監査請求が、次の要件を満たすときには、首長や関係職員に対して、監査の手続が終わるまでの間、その財務会計行為の停止を勧告することができます（自治法二四二条三項）。**暫定的停止勧告**制度といいます。

（1）暫定的停止勧告の要件

①当該行為が**違法**であると思料する（考える）に足りる**相当な理由**があること（積極要件）。不当ではなく「違法」な場合に限っていることに注意してください。

②回復困難な損害を避けるため**緊急の必要性**があること（積極要件）。

③暫定的停止によって、人の生命・身体に対する重大な危害の防止その他**公共の福祉を著しく阻害するおそれがない**こと（消極要件）。

(2) 暫定的停止勧告の手続及び効果

暫定的停止勧告は、その行為の停止を関係職員に義務付けるものではありません。ただし、勧告の旨は請求人に通知され、かつ、公表されます。関係機関が、勧告に対して、合理的な理由もなく全く無視するというわけにはいかないと思います。

8　監査の結果

(1) 監査結果の決定方法

暫定的停止勧告や、監査結果に対する決定などは、**監査委員の合議**によるものとされています（自治法二四二条八項）。建前的には、専門的な知見を有する監査委員において合議が整わないことはないことになっていますが、実際には、合議が整わないことも多々あります。合議が整わない場合、法定手続における監査結果の通知や勧告は行えないことになります。これに不服のある請求人は、監査期間内に監査がなされないことを理由に住民訴訟を提起できます。加えて、合議が整わない旨を請求人に通知し、併せて公表することが、望ましいと考えます。

(2) 監査結果の種類

監査の結果は、法律上は、次の三種類になります。

ア 却下

住民監査請求が**請求要件を満たしていない場合**、「**却下**」の決定がなされます。これは、裁判で訴訟要件を備えていないことを理由とした却下判決に類似します。ただ、最初から「不受理」の場合と、「受理後の請求要件不充足が判明した」場合の二つの場合を分けて考えることがありますます。受理後の却下についてはその内容を公表し、監査を実施しなかった(受理しなかった)ものについては、そうした請求があったという事実も公表しないという実務をする自治体もあります。なお、後述の総務省が取りまとめた統計では、受理の有無又は受理の前後で、却下を区別せずにデータをまとめている自治体もあります。このため、自治体のホームページ上の住民監査請求の統計と、総務省に提出したそれとは異なっているところが、多数あります。

なお、行政実務では、申請を拒否する処分を「申請却下処分」と呼ぶことがあります。そうした行政実務のせいでしょうか、小規模自治体の統計には、イの「請求に理由がない旨の決定(棄却)」を「却下」と誤解していると思われるものが見受けられます。

却下について、法律上の定めはありませんが、受理後のものについては、後述の棄却に準じて「理由を付して書面で」請求人に通知する例が多いようです。一部の自治体では、「受理後の却下」について、請求の事実や、却下の旨、理由などの内容を棄却に準じて公表しているようです。

イ 棄却

監査委員は、監査の結果、**請求に理由がない**と認めるときは、**理由を付してその旨を書面により請求人に通知するとともに、これを公表しなければなりません**（自治法二四二条四項）。裁判の判決になぞらえて、住民監査請求における請求に理由がないとする旨を「**棄却**」と呼びます。

なお、自治法一九九条九項は、監査の結果は、長その他の関係機関に報告し公表すべきことを規定しています。この規定が、住民監査請求に直接適用されるのか議論があり得ますが、住民監査請求であれ何の監査であれ、監査委員が行った監査の結果を長や関係職員が知らなくて良いということにはならないと思いますので、棄却については、自治法一九九条九項により、自治体の関係当局にも報告（通知）されると解すべきでしょう。

ウ　勧告

監査委員は、監査の結果、請求に理由があると認めるときは、議会、長、関係職員などに対し**期間を示して必要な措置を講ずべきことを勧告する**とともに、**当該勧告の内容を請求人に通知し、**かつ、**これを公表しなければなりません**（自治法二四二条四項）。

勧告に示される必要な措置は、請求対象によって様々です。監査委員は請求人の求める必要な措置とは異なる措置を勧告することもできます。また、問題となった財務会計行為そのものではなく、制度の改善として条例の制定改廃などを議会に求めたり、違法な財務会計行為をした職員に対して懲戒処分を求めたりすることも、この「措置」に含まれると考えられます。

その効果については、改めて説明します。

（3）（付帯）意見

住民監査請求を棄却とした場合でも、①将来発生が予想される類似の財務会計行為については異なる措置をとるべきであること、②請求事項に関わる制度を見直すこと、③記録の整備などの行政実務の改善を図ることなどを、「**付帯意見**」として付す例が多々あります。

これは、「監査委員は、監査の結果に基づいて必要があると認めるときは、当該普通地方公共団体の組織及び運営の合理化に資するため、前項の規定による監査の結果に関する報告に添えてその意見を提出することができる」との自治法一九九条一〇項の適用又は同項の準用によると考えられます。なお、実例を見ますと（付帯）意見のほか、「**要望**」を表示するものもあります。各自治体の監査委員が、この要望をどのような法的位置付けのものとして理解して記載しているのか必ずしもよく分かりません。

この意見が付された報告を参考にして長等の関係機関が措置を講じたときは、これを監査委員に通知しなければなりません（自治法一九九条一二項）。また、監査委員も、その通知に係る事項を公表します（同項後段）。なお、「要望」は、自治法一九九条の意見ではないとする解釈は、「要望」が付された報告について執行機関が措置しても監査委員に通知しなくてよいという意図があるかもしれません。しかし、そうした意味で要望を介して、これを監査報告に載せることは、蛇足を付すことになりますし、請求人には区別の意義は理解し難いと思います。ただ、私は、ここで示される「要望」も、法的には、（付帯）意見の一形態であると思います。

後述のように、勧告に対しては措置に関する通知義務がありますが、条文上、意見に対して措置をした結果を通知する義務は長等の機関にはありません。その点で、勧告と意見とでは、効果が異なります。私は、勧告できる案件を「付帯意見」で誤魔化す取扱いには、賛成できません。

（4）監査結果の通知と公表

監査結果の全文（書面）には、概ね次の事項が記されています（自治体により内容が少しずつ違います）。

①請求人の表示
②住民監査請求の概要（請求書の提出日、請求の趣旨・要旨〜請求書全文を記載する自治体もあります）
③形式要件審査の結果（請求要件を満たしているかどうかの審査の経過や受理の年月日等）
④監査の実施経過（監査の対象となった財務会計行為、監査対象となった自治体の関係機関等、請求人の証拠の提出と意見陳述の経過、関係職員等に対する陳述の聴取等の経過）
⑤監査の結果（事実関係の確認、違法不当な財務会計行為か否かの判断、勧告をする場合には必要な措置の内容）
⑥その他（付帯意見など）

⑤の監査の結果に関して、（2）イ・ウのとおり、棄却・勧告のときは、**理由を付することが**、法律上要求されます。特に、請求を棄却するときは、対象の財務会計行為が、財務会計法規に照らして違法でないことにとどまらず、不当でもないこと（妥当であること）についても、その理由を述べなければなりません。なお、却下については、理由を付記する旨の定めはありません。

しかし、**請求人に却下の理由を示すこと**は、行政が説明責任を果たすという観点からも、また、申請拒否処分や不利益処分に対する理由提示義務（行政手続法八条参照）規定とのバランスなどを考えても、**当然に必要**と思います。

また、監査結果の公表の具体的な方法については、法律に定めはありませんが、公告式条例における規程の公告（告示）の例によることが多いようです。具体的には、公報に掲載し、又は庁舎の掲示場に掲示することになるでしょう。

なお、監査委員のホームページに、監査結果の内容を載せる例も増えています。このとき、請求人の住所・氏名をそのままホームページに載せる取扱いをする自治体があります。いろいろな経緯からそのような取扱いをしたと思うので一律にこれを否定するわけにはいきませんが、プライバシー保護の観点からは、請求人の住所・氏名を隠して良いと思います。

9　勧告に対する措置

監査委員の勧告があったときは、その勧告を受けた議会、長や関係職員は、その勧告に示された期間内に必要な措置を講ずるとともに、その旨を監査委員に通知しなければなりません（自治法二四二条九項）。この場合、監査委員は、その通知に係る事項を請求人に通知し、かつ、これを公表しなければなりません（同項後段）。

勧告を受けた長等の機関には、勧告の尊重義務があるとされています。ただ、勧告に対する措置については、必ずしも勧告の内容に拘束されないというのが、行政実務に受け入れられている解釈と思います。

ただ、勧告に一切従わなくても良いということは、自治法二四二条九項の文意からは、くみ取れません。住民訴訟に関する後述の自治法二四二条の二には関係機関が措置を講じないときが想定されていますが、これは、勧告で指定した期間内に措置が講じられていないときに住民訴訟を提起できることを定めたものであり、勧告を受けた機関が勧告に応じない裁量を有することを根拠づける規定ではないと思います。

10　外部監査人による住民監査請求監査

(1)　外部監査人による住民監査請求監査制度

住民監査請求に対する監査について、監査委員の監査に代えて、自治体が外部監査契約を締結した外部監査人が行う制度があります。外部監査の制度には、包括外部監査と個別外部監査というのがありますが、この住民監査請求監査については、個別外部監査にあたります。ただ、包括…、個別…の説明は、ここでは省略します。また、本制度を、本書では以下「**外部監査人による住民監査請求監査**」と呼びます。外部監査人による住民監査請求監査は、その自治体が条例でこれを行えることを定めていなければなりません（自治法二五二条の四三第一項）。都道府県や指定都市では、全て外部監査人による住民監査請求監査を導入していますが、それ以外の市町村の導入率

都道府県と市区町村を合わせて一七二にとどまっています。総務省の平成二二（二〇一〇）年度分の調査で、制度を導入している自治体は、は低いものです。

（2）外部監査人による住民監査請求監査の特徴

以下、通常の住民監査請求と比べた時の外部監査人による住民監査請求監査の特徴をごく簡単にまとめておきます。

ア　監査請求の請求書の記載

この監査を求める請求人は、通常の住民監査請求の請求に併せて、理由を付して、監査人による監査に代えて外部監査人による住民監査請求監査を求める旨の請求をします（自治法二五二条の四三第一項）。

イ　外部監査人による住民監査請求監査の決定

仮に、外部監査人による住民監査請求監査の請求があっても、必ずこれによらなければならないわけではありません。監査委員は、外部監査人による住民監査請求監査をするかどうかを、裁量的に判断します。外部監査人によることとしたときは、請求から二〇日以内に長と請求人に通知をしなければなりません（自治法二五二条の四三第二項）。この決定は、当然のことながら、監査を実施する旨の意思決定を前提としますから、請求要件を満たしているかどうかの判断も請求があった日から二〇日以内に行わなければならないことになります。実際には、外部監査人による住民監査請求監査の請求は、都道府県でも住民監査請求全体のごく一部にとどまっています。さらに、請求を受けて実際に外部監査人による住民監査請求監査を決定した案件は、請求のあったものの中のごく一部にすぎません。その点では、外部監査人による住民監査請求監査は、制度は存在するものの、現実にはほとんど機能していないといわざるを得ないと考えます。

ウ　外部監査契約の締結等

外部監査人を選んで外部監査契約を締結するのは長の仕事ですが、監査委員の意見を聞き、議会の議決を必要とします（自治法二五二条の四三第三項が準用する二五二条の三九第六項）。

外部監査人の資格は、弁護士、公認会計士、税理士などのうち、その自治体の職員でないといった要件を満たす人となっています（自治法二五二条の二八）。一般論としては、住民監査請求に対する監査は法的な判断をするものなので、能力的には弁護士がふさわしいと考えられています。

エ　外部監査人による監査

外部監査締結後の手続は、外部監査人が監査委員に代わって監査を行います。例えば、請求人からの陳述も外部監査人が手続を行います。そのほか、通常の監査委員による住民監査請求と異なり、監査期間が九〇日間と伸び（自治法二五二条の四三第五項）、監査に対する棄却、勧告等の判断は、外部監査人の報告（自治法二五二条の四三第四項）を受けて監査委員が行います。

11　住民訴訟の提起

住民監査請求の手続はだいたいこれで説明を終えますが、最後に住民訴訟について、触れておきます。住民監査請求の請求人は、監査結果に不服があるときや、監査委員が監査期間内に監査を行わないときに、**違法な財務会計行為**について、その行為の差止めや、その行為によってもたらされた損害についての賠償請求を義務付ける訴訟を地方裁判所に提起できます（自治法二四二条の二第一項）。これを、**住民訴訟**といいます。住民訴訟を提起できる期間（出訴期間）は、監査結果に不服があるときは結果の通知があった日から三〇**日以内**と、大体、住民監査請求の手続が一通り完了してから三〇日以内となっています（自治法二四二条の二第二項）。

住民訴訟において検討すべき事項は膨大ですが、本書の主題ではないので、省略します。

監査委員は、その住民監査請求の監査結果に関連してその住民訴訟の被告など当事者の立場に立つことはありません（監査委員が関わる財務会計行為の違法性が住民訴訟で問題となっている場合は別です）。

なお、この住民訴訟に続く第二段階目の訴訟が必要となったとき、代表監査委員が一定の役割を果たさなければならない場合があります（自治法二四二条の三第五項）が、ここでは、説明を省略します。

Ⅲ　住民監査請求の運用実態

一　住民監査請求の提起と監査結果の状況

この第Ⅲ部では、住民監査請求の運用実態を分析してみます。また、近年、違法であると最高裁が認めた事件などを解説します。

1　総務省『地方自治月報』五五号・五六号

総務省『地方自治月報』五五号と五六号には、「住民監査請求及び住民訴訟に関する調」が収録されています。五五号は平成一九（二〇〇七）年度と平成二〇（二〇〇八）年度の二年間、五六号は、平成二一（二〇〇九）年度から平成二三（二〇一一）年度までの三年間の統計です。【表1】

から【表4】までの各表をご覧ください。

この統計には、地方公共団体の組合（一部事務組合や広域連合）における住民監査請求・住民訴訟の数値が含まれていません。これらの団体に対して総務省が調査を行っているかどうかは不明ですが、この統計が自治体に提起されている住民監査請求・住民訴訟全てを網羅しているわけではないことには、留意する必要があります。

また、ほかのところで公表されている住民監査請求の提起件数とも数字が異なる部分があります。例えば、全国都市監査委員会（市で構成）のホームページで公表する平成二三（二〇一一）年度の住民監査請求の提起件数は、延べ四九四件となっています。『地方自治月報』五六号における同年度の市区町村における住民監査請求の提起数は、五八一件なのですが、この数字から、特別区二三件及び町村九八件を差し引いて市に提起されている住民監査請求の数を計算すると、四八三件（市＋特別区）又は四六〇件（市）となります。『地方自治月報』の統計と全国都市監査委員会の統計が合わないように思われます（年度をまたいで、監査結果が出された場合の数字の取扱いに違いが生じたかもしれません）。

以上のような統計上の問題点を前提としながら、住民監査請求制度の運用実態とその課題について、気のついたことを整理せずに並べたいと思います。ここで指摘する課題は、住民監査請求の運用実態をどのような物差しで測るかということに関わります。この物差しとは、筆者の基本的な観点・立場（から見た住民監査請求のあるべき実態）ということができます。

そして、私は、その課題抽出に当たっての基本的な観点を、住民監査請求制度の目的の達成、

【表 1】住民監査請求の提起件数と監査結果（平成 19 ～ 20 年度）

（単位：件）

	監査請求の件数					
		取下げ	却　下	棄　却	勧　告	合議不調等
都道府県	338	13	187	125	11	2
市区町村	1,460	24	546	798	80	12
合　　計	1,798	37	733	923	91	14

（出典）総務省『地方自治月報』55 号から田中孝男が作成

【表 2】住民監査請求の提起件数と監査結果（平成 21 ～ 23 年度）

（単位：件）

	監査請求の件数					
		取下げ	却下	棄却	勧告	合議不調等
都道府県	472	18	259 (59)	177	17	1
市区町村	1,914	44	809 (257)	936	98	28
合　　計	2,386	62	1,068 (316)	1,113	115	29

（出典）総務省『地方自治月報』56 号から田中孝男が作成

＊却下の欄の（　）の数字は財務会計行為ではないとして却下した内数

【表 3】住民訴訟の提起件数と結果の内訳（平成 19 ～ 20 年度）

（単位：件）

	住民訴訟の件数				
		請求却下	請求棄却	原告勝訴	係争中等
都道府県	161	22	53	6	92
市区町村	468	60	143	20	270
合　計	629	82	196	26	362

（出典）総務省『地方自治月報』55 号から田中孝男が作成

【表 4】住民訴訟の提起件数と結果の内訳（平成 21 ～ 23 年度）

（単位：件）

	住民訴訟の件数				
		請求却下	請求棄却	原告勝訴	係争中等
都道府県	190	17	62	7	104
市区町村	568	47	171	37	313
合　計	758	64	233	44	417

（出典）総務省『地方自治月報』56 号から田中孝男が作成

すなわち、**自治体の財務行政の適正な運営を確保すること**に置きます。

2　住民監査請求・住民訴訟の運用の特色

(1)　全体件数

住民監査請求・住民訴訟の提起件数は、規則的に増減しているわけではありません。提起件数は、毎年、大きく増減します。しかし、平成一九・二〇年度の年平均と、平成二一～二三年度の年平均を比べると、約九〇〇件（都道府県一六九、市区町村七三二）から約七九五件（都道府県一五七件、市区町村六三八件）と、市区町村レベルで一〇％以上減少していることが指摘できます。

住民訴訟も、年平均三一五件（都道府県八一、市区町村二三四）から、二五三件（都道府県六三、市区町村一九〇）とこれも二〇％近くと、かなり減少しています。ちなみに、住民訴訟は、行政事件訴訟法の客観訴訟・民衆訴訟と呼ばれるものの一つです。裁判所の司法統計によると、日本では、年間大体二〇〇〇件の行政事件訴訟が提起されています。その中の二五〇～三〇〇件が住民訴訟ということになります。その割合を考えるならば、住民監査請求・住民訴訟の制度を見直したりすることは、行政事件訴訟制度にとっても重要な意義を持つことがわかるでしょう。

なお、先ほど述べたように、総務省の統計には、「地方公共団体の組合」における住民監査請求・住民訴訟は含まれていません。もう少し、住民監査請求などの提起件数は多いでしょう。それでも、全般的な傾向は、このとおり結論できると思います。

（2）請求事件の偏在と拡散

冒頭で述べたように、住民監査請求・住民訴訟の件数は、人口に比例するものではありません。確かに人口の多い自治体では件数が多くなっていますが、人口比例しているものではありません。例えば、**【表2】**の都道府県の中で一番多く提起されているのは東京都（五九件）ですが、二番目に多いのは香川県（三七件）となっています。市区町村についても、確かに大都市の方が住民監査請求を提起されることが多いですが、冒頭の東京都青ヶ島村のように、ごく小規模な町村でも住民監査請求は提起されます。小規模自治体でも、請求が多数あるところがあります。例えば福岡県の築上町は、人口二万ほどですが、平成二一（二〇〇九）年度〜平成二三（二〇一一）年度の三年間に、一二件の請求が出されています。この間に、同じ福岡県内の、人口一〇〇万人弱の北九州市の請求件数が一件、一四〇万人強の福岡市のそれが四件と比べて、築上町は、極端に件数が多いといえます。

ただ、住民監査請求についての研修をした際に監査委員・監査（委員）事務局の方とお話をすると、これまで請求がなかった自治体で、新たに住民監査請求が出される例が増えているように聞きます。請求件数は全体としては減っていても、請求がなされる自治体は拡がっているのではないでしょうか。

また、住民監査請求は、時期的に平準化されるものでもありません。事件がないと年度と、立て続けに請求が提起される年度があったりします。自治体の業務の繁閑に関わるものでもありません。

法律が要求する手続は、自治体の規模、時期に関係なく一律ですから、住民監査請求が提起された際の、特に監査担当部局への衝撃（インパクト）あるいは事務負担は、大規模自治体よりも小規模自治体の方が大きくなります。

例えば、『地方自治月報』五六号によると、東京都の監査（委員）事務局の職員は八九名（事務局長を含む定数。以下同様）です。単純にいえば職員一人当たりの受持ち事件は、五九／八九で、〇・六六件となります。一方、香川県は一三人ですから、一人当たり件数は、二・八件となります。単純計算すると、住民監査請求について、香川県は東京都の四倍の負担ということになります。

また、小規模自治体の場合、同じく『地方自治月報』五六号によると、平成二四（二〇一二）年四月一日で、監査（委員）事務局が未設置の市町村は、六〇五にものぼります（市でも事務局が未設置のところがあります）。なお、事務局未設置の場合、書記等が置かれます（自治法一九九条四項）が、議会事務局職員が兼務することが多いように思われます。先ほどの築上町の場合、専任の職員が定数上二人配置されていますが、一人平均六件の事件を受け持ったことになります。単純な数字の比較をするならば、築上町の方が東京都よりも、住民監査請求については一〇倍の負担があるということになります。

事務局が置かれず、置かれていても職員があまり配置されず、あるいは専任の職員も置かれていないような小規模自治体で、住民監査請求が提起された場合、法律の趣旨を生かして、しっかりとした監査を行うことは、現実には、非常に厳しいでしょう。

（3）却下の多さ

次に、住民監査請求では却下の割合が高いことを指摘する必要があります。請求の四割から五割が請求却下となっています。これは、一般の行政事件訴訟における本案審理前の請求却下の割合よりも、かなり高いといえます。

却下の理由は様々です。よく、自治体や裁判所が、請求対象となる財務会計行為を狭く解しているのではないかとの批判が学説では見られます。しかし、請求対象が財務会計行為ではないことを理由とした却下は**【表2】**のとおり却下全体の三割ほどにとどまっています。その点で、却下の多い原因につき、監査委員が請求対象の財務会計行為を意図的に狭く解しているためとすることはできないと思います。

『地方自治月報』に記されている却下の理由を見ると、①請求が具体的に特定されていないこと、②同一人による同一の財務会計行為に対する再度の請求であることが多いように思われます。ただ、この①（請求対象の不特定）については、判例によってその厳格化か志向されたように思われますので、それが、①（請求対象の不特定）の却下の増加を招いているように思われます。

なお、（2）で述べたように小規模自治体における住民監査請求への対応に要する負担の大きさは理解できますが、市区町村よりも都道府県における却下割合が高くなっていますから、却下の高さは事務負担の軽減から小規模市区町村が積極的に行っているわけでないと考えられます。断言できませんが、小規模市町村よりは専門性の高い都道府県においては、請求の特定を要求する判例を厳格に解して、請求を却下する場合が多くなっている可能性があります。

（4）勧告の少なさ

次に、住民監査請求に対する監査委員の勧告が請求の五％程度であることです。五％という数字の評価はいろいろあり得ますが、一般的には高いとは評価されないと思います。自治体の財務活動が適切だから勧告は少ないのだと強弁するのは適切ではなく、私は、次のように問題があると思います。

第一に、**【表2】**の住民訴訟の認容案件四四件を個別に見ていくと、監査委員の勧告に対する措置がなされていないことや措置が不十分であることを理由とした住民訴訟は一件もなく、ほぼ全て、監査委員の監査結果に不服がある案件となっています。

裁判所が違法と判断する案件は、よほどひどいものです。そうした案件なのに、監査委員は、これを適法妥当な財務会計行為であると判断したことになります。これらについては、結果として、監査委員（住民監査請求の手続）が、執行機関をかばって、その手先となって、著しく不当に請求人の請求を斥けていると見られかねません。監査委員が自治体の適正な財務行政活動を妨げる存在になっているとの印象を持たれてしまうおそれがあります。実際、**【表2】**における住民訴訟の認容案件を見てみると、住民に直接関わる政策ではなく、職員に対する違法な給与等の支給が問われる事件が多くなっています。これでは、自治体組織の自浄能力の欠如を印象付けてしまうでしょう。

第二に、監査委員は、不当な財務会計行為についても審査し、勧告できますが、一体どの程度「不当」を理由にした勧告がなされているか、疑問です。もちろん、「不当」を理由にした勧告も少しはあります。監査委員の勧告に対して執行機関が従わない事件で裁判所は財務会計行為の違法性を認めなかったとも読める判決が出ています（後述）。そのような事件では、勧告は、「不当」な財務会計行為に対してなされていると考えてよいと思われます。

第三に、本来勧告し得る案件について、（付帯）意見にとどめているとの懸念があります。

例えば、全都道府県監査委員協議会連合会（全監連）が作成した資料があります。そこでは、調査時点が平成二二（二〇一〇）年度から平成二四（二〇一二）年度と、**【表2】**の調査年とはずれています。もっとも、重複・類似事件を除く約二五〇件の請求案件について、五〇件程度に、本書でいう（付帯）意見（つまり「要望」を含む）が付されています。

現実に見られる（付帯）意見の内容は、多様です。例えば、社会情勢・社会通念の変化に併せて制度の見直しを検討すべきではないのかといったこと、細かな事務手続に誤りがあったので是正を図られたいとすることなどが、述べられています。

（付帯）意見の全てが「勧告」すべき内容のものであるとは言い切れません。監査の結果につき合議が調わず、監査委員の間の妥協手段として、「棄却＋（付帯）意見」という形式に落ち着いたものもあるのではないかと推測します。しかし、勧告と意見とでは措置義務・通知義務に大きな違いがあります。先にも述べましたが、私は、「勧告」となり得る案件について、執行機関の自主的対応を期待するような趣旨で、これを意見にとどめることには、賛成できません。

（5）住民訴訟に対する遮断効果

住民訴訟における住民監査請求前置主義は、裁判所の負担を軽減する（濫訴の弊に陥ることを防止する）役割を果たします。実際、【表1】～【表4】で見るとおり、住民監査請求の件数に対する住民訴訟の件数は、二割～三割ほどですから、遮断効果は相当なものといえます。

この現状で、住民監査請求前置主義を撤廃すると、住民訴訟の提起が大幅に増加するおそれがあります。そうなると、一部の自治体で大幅に増加する訴訟対応の体制を構築しなければなりませんし、裁判所も負担が増えることとなります。

請求人の立場から、住民監査請求前置主義を撤廃すべきとの主張はよく聞かれますが、そのような訴訟急増の可能性に対するシミュレーションが不十分と思われます。現行制度が良かれ悪しかれ果たしているこうした遮断効果を考えれば、まずは、監査委員による適正な監査が大切であることになります。

（6）住民監査請求に対する行政実務からの批判

先の（2）で住民監査請求の偏在についてお話をすると、行政実務側からは、次のような指摘をされることがあります。

例えば、ごく一部の特定の人がこれを提起しているという指摘です。確かに、監査結果について請求人を実名で公表する自治体においては、日時が近接している複数の請求について請求人が同一と思われるものも見られます。また、請求人が、首長とは政治的に反対の立場にあって、政治や選挙の手段として、特に首長の政策を責める手段として、これを活用しているという批判がありますo確かに、請求人がその自治体の議会議員ということもありますので、そのような政治闘争の手段として住民監査請求が利用されていることもあるのかもしれません。

しかし、住民監査請求の法制度は、請求人の請求目的や請求件数に限定を付するものではありません。法的には、これらの請求人を批判する指摘に与できる要素はありません。

また、請求には証拠書類も付けなければなりません。ですから、全く非難すべきことのない事柄にまで無理に請求をすることは、請求人はできないと思います。こじつけるような請求は、却下となるのではないでしょうか。

したがって、請求件数の偏在などを請求人側の属性に帰着させることは、監査委員・監査（委員）事務局の住民監査請求に対する姿勢としては、望ましいものではありません。

二　最近の住民訴訟判例

監査委員が誠実な監査を行う際には、類似案件が訴訟で問題となっているときは、その違法性の判断基準は、裁判所の水準にしなければなりません。なお、監査委員は、不当でないことについても審査しなければなりませんから、判例が違法ではないとしたものが、「不当ではない」とはいえないことに注意が必要です、これについては、5の判例のところで説明します。

ここでは、住民訴訟で最高裁が違法な財務会計行為であると判断した判決などで注目されるものをごく簡単に紹介したいと思います。裁判制度については、みなさん基本的なことはご存じだということを前提にします。また、結論を分かりやすく理解してもらうために、判決中の法的には重要な判示内容についても、かなり端折って説明しています。正確さをやや欠く部分もあると思います。インターネットで閲覧可能な判決文には【★】を付けているので、是非、原文で確認をお願いします。

なお、ここで扱った判決も含めて、小説仕立てで住民訴訟について重要な内容を論じ、説明する、**吾妻大龍『市長「破産」』（信山社出版、二〇一三年）**という新書があります。著者である吾妻大龍（阿部泰隆）氏は、高名な行政法学者であり、現在は弁護士をされています。阿部先生は、住民監査請求・住民訴訟についても、訴訟実務経験も踏まえた様々な解釈論、法制度論を示しておられます。読みやすくて参考になるのではないでしょうか。自治体には批判的な立場の記述も多く、当局に不都合な書物は見たくないかもしれません。しかし、**自治体の財務行政の適正な運営を確保する**という観点から、私は、多くの監査（委員）事務局の方が、この阿部先生の著作も良く読まれて、監査実務をされることを願っています。

1　尼崎・ごみ焼却施設談合住民訴訟事件

この事件は、兵庫県・尼崎市におけるごみ焼却施設建設工事に談合があったとして、それによって被った損害を談合会社（五社）に対して請求するよう求める住民訴訟です。この事件で第二審は、公正取引委員会による排除措置に係る審決が出されたような状況で、談合会社に対して損害賠償請求をしないことについて、原告の請求を斥けました。しかし、**最三小判平成二一（二〇〇九）年四月二八日集民二三〇号六〇九頁【★】**は、客観的に見て不法行為の成立を認定するに足りる証拠資料を市長が入手し得る状況で権利を行使しないことはだめということで、審理を高裁に差し戻しました。

この事件は、最終的に、尼崎市の財産管理につき五億円余りの談合に対する損害賠償請求権の不行使が認められました（平成二三（二〇一一）年七月に確定）。さらに、請求人の弁護士報酬について、三六〇〇万円余りを支払うよう裁判所で判決が出されました（**神戸地判平成二四（二〇一二）年一二月八日**、尼崎市のホームページを参照）。尼崎市は、控訴せず地裁判決は確定しました。市は、この弁護士費用も、談合による損害とともに、談合をした会社に請求をしました。

2　砂川・空知太神社無償貸与住民訴訟事件

北海道・砂川市が連合町内会に対し市有地を無償で神社施設の敷地としての利用に供している行為が憲法違反とされた有名な事件です。**最大判平成二二（二〇一〇）年一月二〇日民集六四巻一号一頁【★】**は、違憲状態を解消するための他の合理的で現実的な手段が存在するか否かについて審理が不十分として、審理を高裁に差し戻しました。

その後、差戻審の中で、市が神社の徴表となる物件や表示を移設・撤去し、敷地を適正な賃料で氏子集団の氏子総代長に賃貸するなどの手段を講じたことで、差戻後の最高裁判所は、違憲状態、違法な財産管理状態は解消されたと判示しています（**最一小判平成二四（二〇一二）年二月一六日民集六六巻二号六七三頁【★】**）。

3　茨木・臨時的任用職員一時金住民訴訟事件

この事件では、大阪府・茨木市において、週三日以上勤務した臨時的任用職員に要綱で定めた一時金（期末手当に類するもの）を支給したことの違法性が問われました。**最二小判平成二二（二〇一〇）年九月一〇日民集六四巻六号一五一五頁【★】**は、こうした手当を支給するにはその勤務が通常の勤務形態の正規職員に準ずるものとして常勤と評価できる程度のものであることが必要であると判示し、茨木市の取扱いを違法としました。また、常設的な臨時的任用職員の給与については、その職に応じた給与の額等又はその上限等の基本的事項が条例において定められるべきであるなどとしていて、安易な下位規範等への委任を戒めています。

なお、非正規の自治体職員に対する勤務条件が正規の職員と比べて著しく劣悪であるとの認識から、この最高裁の判断内容に対する批判があるかもしれません。私も、この事件では、一時金を受けた人からその返還を求めるよりも、まずは制度の責任者がこれを弁償すべきと考えます。しかし、条例でこの一時金を措置しない限りは、住民から見れば、それは、ヤミ手当と変わりません。要綱による支出では違法支出であることは避けられないと思います。

4　住民訴訟と議会による債権放棄議決の問題

自治体における財務行政の適正な運営につき自浄能力の欠如を疑わせるものとして、近年、首長等に対する損害賠償請求の義務付けを求める住民訴訟がまだ係属中の段階で、議会が、その損害賠償請求権を放棄する議決（地方自治法九六条一項一〇号）を行う例が相次ぎました。このような議決が許されるのかについて、次の三つの最高裁判決が、立て続けに下されました。

①最二小判平成二四（二〇一二）年四月二〇日集民二四〇号一八五頁【★】
②最二小判平成二四（二〇一二）年四月二〇日民集六六巻六号二五八三頁【★】
③最二小判平成二四（二〇一二）年四月二三日民集六六巻六号二七八九頁【★】

①事件では、大阪府・大東市において、非常勤職員の退職の際に要綱に基づいて退職慰労金を支給していることが問題となりました。**第一審・大阪地判平成二〇（二〇〇八）年八月七日【★】**は、違法支出であることを認め、当時の市長、総務部長、人事課長の職にあった者に損害賠償請求をすべきことを命じました。第一審係属中に本件慰労金は廃止され、また、第二審係属中に議会がこの損害賠償請求権を放棄する議決をしたというものです。

②事件では、兵庫県・神戸市がその外郭団体に派遣される職員に関し、その派遣職員の給与に相当する額を含む補助金や委託料として外郭団体に支出する行為が、職員派遣法（＊）の脱法行為として、争われました。この事件でも、第一審と第二審で、住民の請求を認める（金額としてはやや巨額の）判決が下されました。そこで、神戸市は、条例を整備して関係団体の職員の派遣をできるようにし、あわせて条例の附則で団体・職員に対する市の不当利得返還請求権及び損害賠償請求権を放棄する旨を定めました。

（＊）職員派遣法とは、「公益的法人等への一般職の地方公務員の派遣等に関する法律（平成一二（二〇〇〇）年法律五〇号）のことをいいます。

③事件は、栃木県の（旧）氏家町（以下「町」といいます。）が浄水場用地として土地を購入したことが違法であるとして、同町合併後のさくら市において提起された住民訴訟です。第一審では請求認容判決が出されました。そこで、第二審の口頭弁論がいったん終結した後、さくら市議会において、損害賠償請求権を全部放棄する旨の議決がなされました。

①〜③の事件で、最高裁は、大体共通して、次のように判示しました。

住民訴訟の対象とされている損害賠償請求権又は不当利得返還請求権を放棄する旨の議決がされた場合についてみると、このような請求権が認められる場合は様々であり、個々の事案ごとに、当該請求権の発生原因である財務会計行為等の性質、内容、原因、経緯及び影響、当該議決の趣旨及び経緯、当該請求権の放棄又は行使の影響、住民訴訟の係属の有無及び経緯、事後の状況その他の諸般の事情を総合考慮して、これを放棄することが普通地方公共団体の民主的かつ実効的な行政運営の確保を旨とする同法の趣旨等に照らして不合理であって上記の裁量権の範囲の逸脱又はその濫用に当たると認められるときは、その議決は違法となり、当該放棄は無効となるものと解するのが相当である。

②事件と③事件では、結果として、権利放棄議決（条例による権利放棄の定め）を許されないとした原審（第二審）判決を破棄して（③事件では審理を高裁に差し戻して）います。①事件では、そうした総合考慮をせずに原告の請求を退けた原審（第二審）の判決を破棄し、審理を高裁に差し戻しました。ただ、どの判決も、基本的には、住民訴訟が係属中の損害賠償請求権に関して、議会による権利放棄議決を認めているものといえます。

類似の訴訟はほかにも提起されていますので自治体当局は安堵したかもしれません。しかし、これらの最高裁判決は安易な権利放棄議決までこれを認める趣旨ではありません。また、司法統制の限界が明らかとなりました。このため、これらの判決が契機となって、第Ⅳ部で見ていくように、国において、住民訴訟制度見直しの動きを招来させてしまいました。

5　鳥羽志勢広域連合・し尿中継槽賃借住民訴訟事件

この事件は、し尿処理等の広域的処理を行うことなどを目的として設立された広域連合（三重県・鳥羽志勢広域連合）の財務会計行為が争われました。同連合がし尿の中継槽を設置するために借りた土地の賃借料が著しく高額であったために、賃料支出の差止めと、超過支出の損害賠償を広域連合の長（当時）に請求することを義務付けることを求めたものです。

この事件では、住民監査請求において**監査委員が、**賃貸借契約の改訂と、超過支出による損害賠償の広域連合の長（当時）への請求を**勧告しました。**これに対して、広域連合の長が勧告に従わない旨監査委員に通知したことにより、請求人が住民訴訟を提起したものです。

最二小判平成二五年三月二八日【★】は、監査委員の勧告内容に近い原告認容の第一審・第二審判決を破棄して、審理を第二審（高等裁判所）に差し戻しました。最高裁の論理構造については、先行行為の違法を理由とした、後行行為（財務会計行為）の違法を争う場合の内容に関わります。ただ、少なくとも相場の適正価格よりも高いということだけで賃貸借契約が違法無効で損害賠償請求の話が出てくるわけではないことが、この最高裁判決から認められます。つまり、最高裁は、本件賃貸借契約は違法ではないのではないかと考えていると推測されます。逆に言うと、監査委員の勧告は本件賃貸借契約が不当であることを理由としていたと推測して良いと思われます。

Ⅳ　監査制度・住民訴訟制度の見直しと住民監査請求

最後に、昨今総務省から示された監査制度と住民訴訟制度の見直しに関する議論と、住民監査請求の実務への影響を展望し、住民監査請求制度の〈危機〉について考えてみたいと思います。

一　総務省『地方公共団体の監査制度に関する研究会報告書』

1　背景

住民監査請求制度は、監査制度の一部を構成します。監査制度の見直しの多くは、住民監査請求にも影響を及ぼすものと考えられます。

ところで、監査制度については、平成一〇（一九九八）年施行の外部監査制度の導入以外にも、この間、改革に向けた様々な議論が政府関係機関内で行われてきました。

例えば、平成二一（二〇〇九）年に出された第二九次地方制度調査会答申では、監査委員の監査の結果の決定方法や外部監査制度の導入方法の見直し等が提言されました（法案化には至りませんでした）。

また、民主党政権時代の地方行財政検討会議は、監査委員を廃止して、外部監査（機関）に監査を委ねてしまうなど、大雑把でしかも極めて乱暴な見解を示していました。

そうした中で、改めて自治体の監査機能の充実強化のための具体的な方策について議論したのが、総務省に設置された「地方公共団体の監査制度に関する研究会」です（座長は、宇賀克也・東京大学教授）。研究会は、平成二四（二〇一二）年九月から平成二五（二〇一三）年三月まで開催され、その報告書は、同年四月に、総務省のホームページで公表されました。

2　報告書の内容

研究会報告書は、監査制度の充実強化のために次の提案を行っています。なお、以下の内容は、報告書を踏まえて筆者の言葉で記載しているので、報告書作成に関わった方々の意図をきちんと理解しているのか、やや心もとないところがあります。読者におかれては、是非、報告書の原文をご覧ください（二の「住民訴訟に関する検討会報告書」も同様です）。

第一に、監査を行う際に基づくべき（全国で）**統一された監査基準**が必要であるとしています。既に、全国都市監査委員会や全国町村監査委員協議会が作成している監査基準準則を参考にして監査基準を作成する自治体もあるでしょう。しかし、これらの基準は、任意のもので法令上の位置づけもありません。報告書は、法令により監査基準に従って監査を置くべき旨を定め、その監査基準の設定主体には、後述の「**監査サポート組織**」を想定しています。

第二は、**監査委員の専門性、独立性の確保する新たな仕組みを設け、監査委員の専任資格として専門性を確保されていることを必要とする**としています。具体的には、弁護士等以外については、後述の「**監査サポート組織**」による認証を受けることを監査委員の資格とすることなどを考えているようです。また、**議員選出監査委員について、**上限数を法定するのみとし、**必置制度を緩和する**ことが示されています。監査委員の独立性としては、**監査委員の選任方法につき、議会による選挙を行う**ことなどを議論すべきとしています。

また、監査委員の権限に関して、通常の監査には、住民監査請求監査のような「勧告」制度がないため、この（一般的）**勧告権創設の検討**や、合議による決定時の合議不調の際の**監査委員の個別意見付記制度の導入**が検討事項とされています。

第三は、**監査（委員）事務局の専門性独立性の確保**についてです。報告書は、人事のあり方を検討すべきことや、事務局職員についても専門性を確保するための仕組みを設けて任命要件としたり、会計の資格を設けたりすることなどが考えられています。また、現在は事例のない、**事務局の共同設置**についても検討事項としています。

第四に、**内部統制（制度）の整備**について、その必要性と法制化について述べています。なお、これは、監査委員の制度ではなく、執行機関自身における予算の適正執行などのための内部統制制度のことです。

第五に、**外部監査制度**について述べています。**監査委員監査との役割分担**や、専門性確保、その導入促進などが指摘されています。住民監査請求関係で注目すべき言及は、**個別外部監査制度についても必要性も含めてあり方を検討する**としていることです。

第六に、自治体の監査をサポートする体制を構築するため、「**監査サポート組織**」の創設を唱えています。同組織は、いわゆる地方共同法人（自治体共通の利益を達成するために創設される法人）が想定されています。現在、地方公共団体金融機構、地方公務員災害補償基金、日本下水道事業団がこの地方共同法人とされているものです。

監査サポート組織は、前述の全国共通の**監査基準の作成**、監査委員や事務局職員の専門性確保のための**認証制度**（試験制度、研修制度、試験＋研修制度）の運用、研修・調査研究を、その業務とすることが考えられています。

3　報告書に対する所見

この報告書の各種の提案は、監査委員による監査制度を前提に、その独立性と専門性を向上させて監査をすることを目指した点では、民主党政権下における検討よりも足が地に着いている検討といえるかもしれません。ただ、報告書の内容の多くにあっては、「監査サポート組織」の創設がその核として存在し、これには新しい法的仕組みの整備が必要になります。その点で、短期的に直ちに変更がなされるものではないでしょう。

また、研究会のメンバーに技術系の専門家が加わっていないため、報告書は、文系の監査の視点にとどまっているきらいがあります。工事監査等の技術系の監査(自治法一九九条二項によります)について、その現状を踏まえてあり方を提示しているものになっていません(例えば、工事監査の専門性に関しては認証制度ではなく、「技術士」の資格によるのが適切かもしれません)。

しかし、報告書の制度が現実化する前にも、自治体が自主的に行えることはあります。

例えば、監査基準については、①市、町村等の監査委員の協議会で個々に定めていた準則を、地方六団体共通のものとして設定すること、②各自治体は、そうした準則にのっとった監査基準を定めることとし、監査基準にのっとった監査を条例で義務付けること(自治法二〇二条)で、監査基準設定の部分は措置ができると思います。

また、監査委員、事務局職員の独立性、専門性の向上には、まずは、全国的な、又は各地域や各県の監査委員協議会での研修充実が考えられます。公的な認証制度は硬直化するおそれがあります。民間ベースで「自治体監査検定」制度が複数創設され、各自治体でそれぞれの民間制度の特性を踏まえて必要な職員の任用を図ることが考えられます。小規模自治体における事務局の共同設置も、法制度は整えられているので、すぐに検討を始めることができるでしょう。

二　総務省『住民訴訟に関する検討会報告書』

1　背景

Ⅲ二4の最高裁判決に見たように、住民訴訟において請求が認容される（見込みが高くなった）長等に対する損害賠償請求権を、議会が放棄する事例が、問題視されるようになりました。そこで、総務省に、「住民訴訟に関する検討会」が設置されました（平成二四（二〇一二）年七月。座長、碓井光明・明治大学教授）。検討会は平成二五（二〇一三）年三月まで開催され、その報告書は、同年四月に、総務省のホームページで公表されました。

2　報告書の内容

報告書は、住民訴訟制度を対象としていますが、住民監査請求制度自体にも影響のある改革案を提示しています。そこで、住民監査請求制度にも関連する事項を中心に、報告書の内容を見ていきたいと思います。

報告書は、上記最高裁判決が示した課題のほか、住民訴訟に見られる諸課題を取り上げた後、次の七つの対応案を示しています。

（1）違法事由の性格等に即した注意義務違反の明確化

この対応案では、次の二つの措置が考えられています。

第一は、**長等が責任を負う場合を、故意又は違法事由の性格等に即した注意義務違反があるときに限ると明文で定め、当該注意義務違反の内容を具体化する立法措置を講じること**です。

第二は、**権利放棄について、総務大臣の技術的助言**（自治法二四五条の四第一項）により、故意又は重過失による損害賠償請求権及び個人的な利得目的の認められる不当利得返還請求権について、特段の事情のない限り、放棄は慎重であるべきであると示すこととしています。

（2）軽過失免責

この対応案では、次の三つの措置で構成されます。

第一は、**長等が地方公共団体に対して損害賠償責任を負う場合の要件を故意又は重過失とする**（**軽過失免責の**）立法措置を講じるものです。

第二は、（1）と同様に権利放棄について、権利放棄について**技術的助言**を示すこととしています。

そした第三に、住民訴訟のうち、**首長等に損害賠償請求をすることを義務付けることを求める**

請求（自治法二四二条の二第一項第四号による訴訟）**の係属中は、損害賠償請求権等の放棄を禁止する**立法措置を講じることとしています。

（3）違法確認訴訟を通じた是正措置の義務付けの追加

この対応案では、次の四つの措置によって構成されます。

第一は、住民訴訟に、**新たな訴訟類型として財務会計行為の違法確認訴訟**を創設します。違法を確認する判決が確定した場合、長に、判決の趣旨を踏まえて、**個人に対する懲戒処分、再発防止に向けた体制構築、違法が確認された行為の原因となる条例の改廃等の当該行為の是正又は将来における同種行為の抑止のために必要と認める措置を講ずるとともに、その旨を議会に報告することを義務付ける**立法措置を講じるというものです。

第二は、対応案（2）と同じく、**軽過失免責**の立法措置を講じるものです。

第三は、対応案（1）（2）と同じく、**技術的助言**を示すというものです。

第四は、対応案（2）でも出てきた、**住民訴訟係属中における権利放棄の禁止**の法制化があります。

（4）損害賠償限度額の設定

第四の対応案は、次の二つによって構成されています。

第一は、**法律又は法律に基づく条例により、長等個人が負担する実体法上の損害賠償額を限定**

する措置を講じるものです（ただし、故意又は重過失の場合は限定しない）。

第二は、対応案（1）にも出てきた**技術的助言**です。

（5）損害賠償債務等を確定的に免除する手続の設定（監査委員の免除決定）

第五の対応案は、**実体法上発生した損害賠償債務等を事後的に免除する場合の手続要件を定める次のような立法措置を講じる**ものです。内容的には、第一に、監査委員は、住民訴訟が確定した首長等に対する損害賠償請求権について、首長等からの申出に応じて、その全部又は一部の免除を相当と認めるときは、免除額につき決定し、免除を相当とする理由を付して首長に通知するものとします。通知に当たっては、事前に決定を住民に公表し、一定期間内に住民から意見を述べることができるものとし、意見があった場合は、当該意見を付して長に通知するものとします。そして、長は、監査委員の上記決定が通知された場合は、当該決定に従って免除承認（権利放棄）の議案を提出しなければならないこととします。この場合においては、監査委員による免除を相当とする理由及び住民からの意見を添えて議案を提出します。議会には、免除承認の議案につき修正議決をすることはできません。議会の承認を経て、長による執行行為としての免除の意思表示があったとき、免除の効力が生じ、長等の債務は消滅することとします。この手続以外に、長又は議会の議員は、長等の損害賠償債務等を免除する議案を提出することができないものとします。また、対応案（2）と同じく住民訴訟係属中の損害賠償請求権等の放棄はできないものとします。

（6）損害賠償債務等を免除する手続要件の設定（監査委員からの意見聴取）

第六の対応案は、次の二つの措置で構成されます。

第一は、首長等が、自身らの損害賠償債務等を免除する議案を提出する場合は、議案提案前（あらかじめ）**監査委員の意見**を求めなければならないものとします。首長等は、監査委員の意見を添えて議案を出します。議員提案の場合は、議決前に**監査委員の意見**を求めます。

第二は、対応案（1）と同様に**技術的助言**を示します。

3　報告書に対する所見

これらの対応案は、いずれも法律改正を伴うものですので、どの案が法制化されるのか（複数の組合せも考えられる）見通しがつきません。また、研究会メンバーは研究者が中心なので、住民訴訟を提起する側に立つ方々（市民オンブズマンなど）からも、自治体当局側からも、納得できない部分があるように思います。対応案の（1）、（2）、（4）は、技術的助言に法的拘束力がないことを考えれば、それは、牽制《けんせい》球のようなものです。実質的に住民訴訟における首長等の責任を軽減するだけの措置とみなされても仕方ありません。自治体側が羨望する仕組みかもしれませんが、住民側に立つ方々からの理解を得るのは無理です。また、対応案（3）における新しい訴訟類型創設についても、理論面でも実務におけるシミュレーションにおいても、詰め切れていないアイディア段階のものと思います。

なお、仮に対応案（1）～（4）の措置が講じられた場合、住民監査請求における違法性や勧告すべき責任追及範囲についても、当該改正法に一致するかどうかが問題となります。監査委員は、不当性も審査し得るのですから、これらの対応案で違法性の判断基準が変更されても、不当性の基準は変わらないという解釈も考えられます。検討会報告書は、住民訴訟についてしか検討していないので、各対応案による制度改正後における住民監査請求について考察不足です。

また、対応案（5）、（6）は、戦後わが国が住民訴訟につき監査請求前置主義を導入した経緯を考えれば、まず自治体自身の自浄能力を試すものといえます。理想的な監査委員の職責からすると望ましい制度のようにも見えます。しかし、議員から選ばれる監査委員がいることなどを考えると、自治体における財務行政の適正確保の目的を達し得る仕組みとなり得るか、住民からは疑われ続けるでしょう。

三　住民監査請求制度の危機と課題

1　現状評価

それでは、住民監査請求の現行制度（Ⅱ）とその運用（Ⅲ）、さらには監査制度や住民訴訟制度の改革に向けた動き（Ⅳ）など現状をどのように評価すべきでしょうか。

(1) 制度目的は今日でも妥当か

現状の評価のためには、まずこの制度の導入目的自体が、その創設後六〇年以上を経た今日でも妥当するものかが問われます。私は、住民監査請求制度の導入目的（**地方財務行政の適正な運営を確保すること**）それ自体は、今日でも堅持すべきものと考えます。

住民監査請求・住民訴訟の拡大を志向する方々からは、適正化を図るべき対象は「地方財務行政」だけなのか、「行財政全般」とすべきではないかとの意見があると思います。その場合は、「住民監査請求」の対象が財務会計制度に限られなくなります。これは、抜本的な改革になります。そして、これは、自己の権利義務に関わらない争訟という意味での、いわゆる客観争訟化を、自治体をめぐる争訟の大部分に取り入れることを意味します。日本の司法制度のあり方の根幹に関わる問題でしょう。そうした目的の拡大が望ましいとしても、こうした方向での改革は、容易には進まないと思われます。そこで、まず、現行目的を是とし、これを堅持することから出発したいと思います。

なお、自治体が現行住民監査請求制度に加えて、独自に、新たな類似の行財政全般に係る監査制度を導入することは、他の法定の監査業務が適切妥当になされるのであれば、問題ありません。京都府が、平成一八（二〇〇六）年度から取り入れた、**府民簡易監査制度**が、その例です。

（2）住民監査請求の〈危機〉？

そうした目的を堅持することを前提として、考えます。やや厳しい言い方になりますが、**住民監査請求の現行制度・運用実態・改革案は、制度導入当初の目的・理念に照らして、〈危機〉をもたらすおそれがある**と、私は考えます。ここでいう**〈危機〉とは、制度の理念・目的が歪められてしまう可能性が高まること**をいいます。これは、次のような事柄を、問題だと考えるためです。

第一に、**請求の偏在が、小規模自治体の監査関係者に過重な負担をもたらしている**と考えられることです。監査の事務局が存在しない、専任職員が配置されていない、そのような小規模自治体で提起された請求を、法の趣旨にのっとって（例えば、六〇日の監査期間内に）、適切に対応せよと言われても、難しいと思います。問題は、小規模自治体の専門性が十分でないとして、それを高める具体的かつ実効的な方策の考察や、実際の努力が、不十分ではないのかということです。もちろん、全国、地域ブロック、県単位あるいは自治体単独で、都道府県、市、町村の監査委員（事務局職員）の研修が進められてはいます。しかし、小規模な、体制の充実していない小規模自治体向けの監査委員、事務局職員に対する能力向上のための取組み、例えば研修は、大規模自治体と比べ相当に見劣りがします。なお、総務省報告書（上記Ⅳ一参照）がいう専門性を高めるには、実際の仕組みが小規模自治体関係者に確実に行き渡ることを考えなければなりません。例えば、千葉県・千葉市幕張にある市町村職員向けの全国的研修機関である市町村アカデミーは、開設されてから二〇年余り経ちます。しかし、同所に一度も職員を研修に派遣したことがない町村が四〇ほどあります（平成二二（二〇一〇）年時点）。「サポート組織」という仕組みを作るだけでは、小規模自治体は動かない（動けない）可能性があるので、留意しておくべきことです。

第二に、小規模自治体が過重負担だとしても、住民監査請求の提起自体を抑制するような対応は、濫用的請求が多数に及ぶといった事実がない限り、制度の目的そのものをないがしろにするものですので、許されないと思います。非財務会計行為であることによる請求却下の件数は多いですが、それでも却下の割合の三割程度です（【表2】参照）。特定の人が住民監査請求を多用することに対する自治体関係者の不平は聞きますが、請求人の濫用的請求が目に余るとは思えません。ちなみに、多数の町村では、まだ住民監査請求を提起されたことがありません。現時点では、過重負担は、一部の小規模自治体に関わる偏った問題であると考えられます。

なお、このような住民監査請求・住民訴訟の提起を阻もうとする対応は、住民監査請求制度の規定及びその解釈によるだけでなく、**財務会計法規の違法性の実体要件を変更する**ことによってもなされ得ます。例えば、議会における政務調査費制度の政務活動費制度への変更（平成二四（二〇一二）年）は、複数の関係者から聞くところによると、彼らの主観的意図としては、明らかに住民監査請求・住民訴訟の件数を減らすためのものでした。当該法改正により、本当にそのような要件変更がなされたものかは裁判所の法解釈によりますが、もしその関係者の主観が解釈論として採用されるならば、この政務活動費制度は、**違法**（**不適正**）**支出の脱違法化**を図る改変ということになります。これは、住民監査請求制度の目的から見て、〈危機〉をもたらす対応だと思います。ちなみに、平成二四（二〇一二）年四月現在、政務調査費（政務活動費）制度を導入している自治体は八〇八市区町村と全自治体の半数程度です（総務省『地方自治月報』五六号より）。

当該制度改変は、都道府県議会や中規模以上の市町議会のみに浴するものでした。また、政務活動費については、**仮に違法性の実体要件が変更されたものであったとしても、「不当性」の要件が変更されたものではありません。**監査委員による監査が、これまでより緩い基準でなされることを意味するものではないことに注意が必要です。

第三に、関連して、首長等への損害賠償請求権の議会による放棄議決も、違法な財務会計行為の脱違法化を目的としている場合には、議決権の濫用であり、住民監査請求・住民訴訟制度の〈危機〉を意味します。こうした議決が、平成二四（二〇一二）年四月の最高裁判決を生み（上記Ⅲ二4参照）、制度改革に関する過剰反応を生んでしまいました。同最高裁判決を受けた総務省検討会報告書が示す対応案（上記Ⅳ二2参照）では、権利放棄議決の背景を住民訴訟における首長等の責任が重いことなどに求めて、長等の責任要件の緩和などの実定法改革などを、提示しています。同報告書に対する事実認識や対応案への批判等は、まずは、先述の吾妻大龍（阿部泰隆）先生の著作や論稿を参考にしてくだされればと思います。ここで指摘したいのは、権利放棄議決問題は、実際の住民監査請求・住民訴訟のごく一部で起きているにすぎないことです。この議決問題だけで、違法（不当）な財務会計行為の実体要件を変更するような法改正をする立法事実があるのか、当該改正案が住民監査請求・住民訴訟の目的を損なわないのか、私は危惧します。

第四に、**裁判所の法解釈が、住民監査請求に〈危機〉をもたらしているおそれがあります。**例えば、請求の特定に関する判例及びこれを支持する学説は、法解釈論としては筋が通って良いものかもしれません。しかし、請求特定不備を理由とした却下が多いという実態に照らすと、（裁判所の判断は適切だったとの前提に立つならば）判例を奇貨として、監査委員を含む自治体当局が、実体審査をする場合には当局に都合の悪い請求案件を葬る道具にこの裁判所の法解釈を悪用しているのではないかとの懸念があります。

第五に、先に見たように（上記三2（4）参照）、監査委員は、財務会計行為の不当性を審査し得るのに、裁判所が違法としたものでさえ適法妥当との判断をしがちです。これでは、住民からは、監査委員への信頼が損なわれかねません。

第六に、**住民訴訟が行政事件訴訟に占める割合への考慮の欠如**があります。住民訴訟が行政事件訴訟全体の一割以上を占めることを考えると、住民監査請求と住民訴訟の制度改革は、行政事件訴訟制度の改革にもつながる問題のはずです。しかし、行政事件訴訟制度は、平成一七（二〇〇五）年四月施行の改正行政事件訴訟法により改革がなされましたが、住民訴訟制度については検討対象外のものでした。また、平成二四（二〇一二）年、当該改正行政事件訴訟法の施行状況の検証が行われましたが、行政事件訴訟法所管の法務省等において、行政事件訴訟改革の中で住民訴訟への影響などを検討した形跡は認められません。しかし、例えば、上記Ⅳ二2の対応案（3）のような違法確認訴訟制度の類型は、行政事件訴訟（抗告訴訟）の違法確認判決、義務付け判決などと理論的な整合を検討しなくても良いのでしょうか。

2 住民監査請求制度の改革課題

ここで、こうした現状を〈危機〉と感じながら、住民監査請求制度の目的をより高い位置で実現するために、現在私なりに考えていることをまとめたいと思います。なお、制度の運用に関わる私の意見については、Ⅱの制度の概要のところでも少し述べています。ここでは、五点ほどに絞って言及します。先の吾妻大龍（阿部泰隆）先生からは、行政当局寄りの主張だと言われる程度の微温的な議論と考えられます。

(1) 請求期間の延長

まず、法改正を必要とする事項ですが、住民監査請求の対象に関わる期間制限（一年）の延長が必要だと思います。総務省『地方自治月報』五六号によれば、**【表2】**の住民監査請求の却下件数のうち、都道府県で三七件、市区町村で一二四件が請求期間を過ぎたことによるものでした。つまり、却下の一五％以上が、請求期間を過ぎていたことによるものということです。この期間経過は機械的な判断で済むものではありません。請求が遅れたことについて「正当な理由がない」ことを積極的に認定する必要があります。ですが、「正当な理由」の審査は、請求対象の財務会計行為が適正かどうかの監査にとっては、不毛なものです。正当理由の有無に労力を割くのであれば、当該財務会計行為の適正性に関する審査をした方が、制度目的達成にとって有意義です。

公法上の金銭債権・債務の時効期間が五年であること（自治法二三六条）を考えれば、住民監査請求の請求期間を財務会計行為終了後五年以内と延長しても、資料の廃棄などで審査が難しいといったことにはならないと思います。

（2）却下理由の明示・通知

二点目は、法改正をせずとも運用で可能と思う事項ですが、却下する案件についても、棄却や勧告と同じように、理由を付して、関係機関・請求人へ通知・公表すべきです。却下案件の多くは、要件審査の段階で請求を受理せず実体審査に入らなかった案件です。その点で、自治法上、棄却や勧告の場合のような通知・公表規定の適用は直ちにはないかもしれません。しかし、そのままだと、総務省が集計する統計数値と、各自治体が公報などで公表する住民監査請求の提起件数や処理結果数について、却下のところで違いが出ます。これは、法解釈上は妥当であったとしても、統計数値への信頼性を疑わせてしまいます。例えば、期間を過ぎている場合の「正当な理由」の判断については、その理由を住民に示すべきですから、却下すべき請求についても、通知、公表、却下の理由付記は、必要だと思います。

（3）合議不調時の通知

三点目は、合議不調時の手続のあり方です。最低でも、合議不調（のために棄却、勧告の決定ができない旨）を、請求人と関係当局に通知すべきですし、その旨の公表が必要です。実例を見ると、棄却、勧告の決定をするのと同じような記載内容で、合議が不調であったことを結論として示すものもあります。

また、総務省研究会報告書は個別意見付記制度の導入を提案しています（上記Ⅳ一2）。これは、自治法一九九条一〇項の意見は、同項一一項により監査委員の合議が必要となるためです。しかし、住民監査請求に関してこれらの規定が直接適用されるかどうかは明確ではありませんし、法定外の個別意見を付すことは、住民監査請求制度の目的に反したり、これを阻害したりするものではありません。合議不調の場合は、各監査委員が単独で又は共同で個別意見を付すことが、かえって必要なのではないでしょうか。

（4）監査委員の責任

研修・講演の席では、監査委員の責任についての問合せがよくあります。特に住民訴訟で住民の請求が認められた案件で、監査委員が住民監査請求を棄却した場合に、併せて監査委員が責任をとらなければならないのかということについてです。

これには、監査委員の不適切な判断が、請求人に対して違法な公権力行使となり自治体が国家賠償責任を負うことになるのかどうかという問題と、そうした監査結果によって自治体が職員などに損害賠償等の請求をすることとなる場合に、監査委員も連帯して賠償責任を負うのかという問題があります。監査委員の方からは、特に後者についての質問が多くなされています。

現行制度において、監査結果が不適切であったことを理由に、請求対象に関わる財務会計行為について監査委員が賠償責任などを負うことは、ほとんどないと思われます。
ただし、既に裁判によって違法であることが確定している財務会計行為と同じ内容の財務会計行為の是正についての住民監査請求に対してこれを斥けることは、監査委員の重過失です。立法論かもしれませんし、監査委員の方にはやや厳しい指摘と受け止められるかもしれませんが、監査委員の職責を重く考えれば、このような場合における住民訴訟での当該違法な財務会計行為に係る是正措置に関して監査委員も連帯して責任を問われるべきだと考えます。

（5）不当性審査基準・手法の開発

最後に、判例からの理論・手法の開発が困難な事項ですが、「不当な財務会計行為」であるとする場合の「不当性」の判断（審査）の基準と手法・方法の開発が必要であることを示しておきます。先に少し述べました（上記Ⅱ三6（7）参照）が、いくつかの考え方を示しているにすぎません。

財務会計行為の種類（支出、債権管理、財産管理等）ごとに細分化して、その類型ごとに審査基準を作成し、これを監査基準（の細則・細目基準）と位置付けていくことが必要だと思います。

3　おわりに

本書では、住民監査請求制度の概要と運用実態、昨今の監査制度や住民監査請求に関連する住民訴訟制度の改革の動きについて、要点を述べました。官官接待、不適正な食糧費支出、不当な職員厚遇の是正の事例などを考えれば、住民監査請求・住民訴訟制度は、自治体における行財政運営の適正化に、疑いなく一定の役割を果たしました。

自治体の行財政運営は、住民からの要求水準が高くなる一方で、これからも厳しい状況に至るものと思います。監査委員を核とした自治体の監査制度は、これからも重要な役割を果たすはずです。その際の監査内容は、個々の政策内容にわたる専門的かつ難しいものになっていきます。

ここで扱った事項は、住民監査請求制度の手続に関わるものが中心であり、個別具体の請求内容に係る実体的な判断に関しては、ほとんど扱っていません。住民監査請求の仕事に携わる方々におかれては、本制度の手続的なことを十分に理解したうえで、個々の財務会計制度や個々の事業・政策にも精通をしてほしいと思います。

また、監査制度や住民訴訟制度の改革は、それほど急速には進まないと思います。それゆえに、いまの監査制度の下で、各監査の制度の趣旨に即した、適正な活動を行い、地方財務行政の適正化を進めてほしいと願っています。

付録　地方自治法関係条文（抜粋）

第百九十九条　監査委員は、普通地方公共団体の財務に関する事務の執行及び普通地方公共団体の経営に係る事業の管理を監査する。

② 監査委員は、前項に定めるもののほか、必要があると認めるときは、普通地方公共団体の事務（中略）の執行について監査をすることができる。（後段略）

③ 監査委員は、第一項又は前項の規定による監査をするに当たつては、当該普通地方公共団体の財務に関する事務の執行及び当該普通地方公共団体の経営に係る事業の管理又は同項に規定する事務の執行が第二条第十四項及び第十五項の規定の趣旨にのつとつてなされているかどうかに、特に、意を用いなければならない。

④～⑦（略）

⑧ 監査委員は、監査のため必要があると認めるときは、関係人の出頭を求め、若しくは関係人について調査し、若しくは関係人に対し帳簿、書類その他の記録の提出を求め、又は学識経験を有する者等から意見を聴くことができる。

⑨（略）

⑩ 監査委員は、監査の結果に基づいて必要があると認めるときは、当該普通地方公共団体の組織及び運営の合理化に資するため、前項の規定による監査の結果に関する報告に添えてその意見を提出することができる。

⑪ 第九項の規定による監査の結果に関する報告の決定又は前項の規定による意見の決定は、監査委員の合議によるものとする。

⑫ 監査委員から監査の結果に関する報告の提出があつた場合において、当該監査の結果に関する報告の提出を受けた普通地方公共団体の議会、長、教育委員会、選挙管理委員会、人事委員会若しくは公平委員会、公安委員会、労働委員会、農業委員会その他法律に基づく委員会又は委員は、当該監査の結果に基づき、又は当該監査の結果を参考として措置を講じたときは、その旨を監査委員に通知するものとする。この場合においては、監査委員は、当該通知に係る事項を公表しなければな

らない。

（住民監査請求）

第二百四十二条　普通地方公共団体の住民は、当該普通地方公共団体の長若しくは委員会若しくは委員又は当該普通地方公共団体の職員について、違法若しくは不当な公金の支出、財産の取得、管理若しくは処分、契約の締結若しくは履行若しくは債務その他の義務の負担がある（当該行為がなされることが相当の確実さをもつて予測される場合を含む。）と認めるとき、又は違法若しくは不当に公金の賦課若しくは徴収若しくは財産の管理を怠る事実（以下「怠る事実」という。）があると認めるときは、これらを証する書面を添え、監査委員に対し、監査を求め、当該行為を防止し、若しくは是正し、若しくは当該怠る事実を改め、又は当該行為若しくは怠る事実によつて当該普通地方公共団体のこうむつた損害を補填するために必要な措置を講ずべきことを請求することができる。

２　前項の規定による請求は、当該行為のあつた日又は終わつた日から一年を経過したときは、これをすることができない。ただし、正当な理由があるときは、この限りでない。

３　第一項の規定による請求があつた場合において、当該行為が違法であると思料するに足りる相当な理由があり、当該行為により当該普通地方公共団体に生ずる回復の困難な損害を避けるため緊急の必要があり、かつ、当該行為を停止することによつて人の生命又は身体に対する重大な危害の発生の防止その他公共の福祉を著しく阻害するおそれがないと認めるときは、監査委員は、当該普通地方公共団体の長その他の執行機関又は職員に対し、理由を付して次項の手続が終了するまでの間当該行為を停止すべきことを勧告することができる。この場合においては、監査委員は、当該勧告の内容を第一項の規定による請求人（以下本条において「請求人」という。）に通知し、かつ、これを公表しなければならない。

４　第一項の規定による請求があつた場合においては、監査委員は、監査を行い、請求に理由がないと認めるときは、理由を付してその旨を書面により請求人に通知するとともに、これを公表し、請求に理由があると認めるときは、当該普通地方公共団体の議会、長その他の執行機関又は職員に対し期間を示して必要な措置を講ずべきことを勧告するとともに、当該勧告の内容を請求人に通知し、かつ、これを公表しなければならない。

5　前項の規定による監査委員の監査及び勧告は、第一項の規定による請求があつた日から六十日以内にこれを行なわなければならない。

6　監査委員は、第四項の規定による監査を行うに当たつては、請求人に証拠の提出及び陳述の機会を与えなければならない。

7　監査委員は、前項の規定による陳述の聴取を行う場合又は関係のある当該普通地方公共団体の長その他の執行機関若しくは職員の陳述の聴取を行う場合において、必要があると認めるときは、関係のある当該普通地方公共団体の長その他の執行機関若しくは職員又は請求人を立ち会わせることができる。

8　第三項の規定による勧告並びに第四項の規定による監査及び勧告についての決定は、監査委員の合議によるものとする。

9　第四項の規定による監査委員の勧告があつたときは、当該勧告を受けた議会、長その他の執行機関又は職員は、当該勧告に示された期間内に必要な措置を講ずるとともに、その旨を監査委員に通知しなければならない。この場合においては、監査委員は、当該通知に係る事項を請求人に通知し、かつ、これを公表しなければならない。

（住民訴訟）

第二百四十二条の二　普通地方公共団体の住民は、前条第一項の規定による請求をした場合において、同条第四項の規定による監査委員の監査の結果若しくは勧告若しくは同条第九項の規定による普通地方公共団体の議会、長その他の執行機関若しくは職員の措置に不服があるとき、又は監査委員が同条第四項の規定による監査若しくは勧告を同条第五項の期間内に行わないとき、若しくは議会、長その他の執行機関若しくは職員が同条第九項の規定による措置を講じないときは、裁判所に対し、同条第一項の請求に係る違法な行為又は怠る事実につき、訴えをもつて次に掲げる請求をすることができる。

一　当該執行機関又は職員に対する当該行為の全部又は一部の差止めの請求

二　行政処分たる当該行為の取消し又は無効確認の請求

三　当該執行機関又は職員に対する当該怠る事実の違法確認の請求
四　当該職員又は当該行為若しくは怠る事実に係る相手方に損害賠償又は不当利得返還の請求をすることを当該普通地方公共団体の執行機関又は職員に対して求める請求。ただし、当該職員又は当該行為若しくは怠る事実に係る相手方が第二百四十三条の二第三項の規定による賠償の命令の対象となる者である場合にあつては、当該賠償の命令をすることを求める請求
2　前項の規定による訴訟は、次の各号に掲げる期間内に提起しなければならない。
一　監査委員の監査の結果又は勧告に不服がある場合は、当該監査の結果又は当該勧告の内容の通知があつた日から三十日以内
二　監査委員の勧告を受けた議会、長その他の執行機関又は職員の措置に不服がある場合は、当該措置に係る監査委員の通知があつた日から三十日以内
三　監査委員が請求をした日から六十日を経過しても監査又は勧告を行なわない場合は、当該六十日を経過した日から三十日以内
四　監査委員の勧告を受けた議会、長その他の執行機関又は職員が措置を講じない場合は、当該勧告に示された期間を経過した日から三十日以内
3　前項の期間は、不変期間とする。
4　第一項の規定による訴訟が係属しているときは、当該普通地方公共団体の他の住民は、別訴をもつて同一の請求をすることができない。
5　第一項の規定による訴訟は、当該普通地方公共団体の事務所の所在地を管轄する地方裁判所の管轄に専属する。
6　第一項第一号の規定による請求に基づく差止めは、当該行為を差し止めることによつて人の生命又は身体に対する重大な危害の発生の防止その他公共の福祉を著しく阻害するおそれがあるときは、することができない。
7　第一項第四号の規定による訴訟が提起された場合には、当該職員又は当該行為若しくは怠る事実の相手方に対して、当該普通地方公共団体の執行機関又は職員は、遅滞なく、その訴訟の告知をしなければならない。
8　前項の訴訟告知は、当該訴訟に係る損害賠償又は不当利得返還の請求権の時効の中断に関しては、民法第百四十七条第一号の請求とみなす。
9　第七項の訴訟告知は、第一項第四号の規定によ

る訴訟が終了した日から六月以内に裁判上の請求、破産手続参加、仮差押若しくは仮処分又は第二百三十一条に規定する納入の通知をしなければ時効中断の効力を生じない。

10　第一項に規定する違法な行為又は怠る事実については、民事保全法（平成元年法律第九十一号）に規定する仮処分をすることができない。

11　第二項から前項までに定めるもののほか、第一項の規定による訴訟については、行政事件訴訟法第四十三条 の規定の適用があるものとする。

12　第一項の規定による訴訟を提起した者が勝訴（一部勝訴を含む。）した場合において、弁護士又は弁護士法人に報酬を支払うべきときは、当該普通地方公共団体に対し、その報酬額の範囲内で相当と認められる額の支払を請求することができる。

（訴訟の提起）

第二百四十二条の三　前条第一項第四号本文の規定による訴訟について、損害賠償又は不当利得返還の請求を命ずる判決が確定した場合においては、普通地方公共団体の長は、当該判決が確定した日から六十日以内の日を期限として、当該請求に係る損害賠償金又は不当利得の返還金の支払を請求しなければならない。

2　前項に規定する場合において、当該判決が確定した日から六十日以内に当該請求に係る損害賠償金又は不当利得による返還金が支払われないときは、当該普通地方公共団体は、当該損害賠償又は不当利得返還の請求を目的とする訴訟を提起しなければならない。

3　前項の訴訟の提起については、第九十六条第一項第十二号の規定にかかわらず、当該普通地方公共団体の議会の議決を要しない。

4　前条第一項第四号本文の規定による訴訟の裁判が同条第七項の訴訟告知を受けた者に対してもその効力を有するときは、当該訴訟の裁判は、当該普通地方公共団体と当該訴訟告知を受けた者との間においてもその効力を有する。

5　前条第一項第四号本文の規定による訴訟について、普通地方公共団体の執行機関又は職員に損害賠償又は不当利得返還の請求を命ずる判決が確定した場合において、当該普通地方公共団体がその長に対し当該損害賠償又は不当利得返還の請求を目的とする訴訟を提起するときは、当該訴訟については、代表監査委員が当該普通地方公共団体を代表する。

（住民監査請求等の特例）

第二百五十二条の四十三　第二百四十二条第一項の請求に係る監査について監査委員の監査に代えて契約に基づく監査によることができることを条例により定める普通地方公共団体の住民は、同項の請求をする場合において、特に必要があると認めるときは、政令の定めるところにより、その理由を付して、併せて監査委員の監査に代えて個別外部監査契約に基づく監査によることを求めることができる。

2〜9　（略）

【著者紹介】
田中　孝男（たなか・たかお）
1963 年　北海道生まれ
1986 年　北海道大学法学部卒業
1986 年　札幌市役所採用（事務職員）
2005 年　札幌市退職。九州大学大学院法学研究院助教授
現在、九州大学大学院法学研究院准教授（専攻：行政法・地方自治法）

著書『条例づくりへの挑戦』（信山社出版・2002 年）
『条例づくりのための政策法務』（第一法規・2010 年）
『自治体職員研修の法構造』（公人の友社・2012 年）

自治体〈危機〉叢書
住民監査請求制度の危機と課題

2013 年 10 月 5 日　初版第 1 刷発行

著　者　田中　孝男
発行人　武内　英晴
発行所　公人の友社
〒 112-0002　東京都文京区小石川 5-26-8
TEL 03-3811-5701
FAX 03-3811-5795
e-mail: info@koujinnotomo.com
http://koujinnotomo.com/
印刷所　倉敷印刷株式会社
ISBN978-4-87555-627-5

自治体〈危機〉叢書

2000年分権改革と自治体危機

松下 圭一

定価 1,575円（本体 1,500円＋税）
ISBN 978-4-87555-623-7

自民党政権復帰による〈官僚内閣制〉への逆行・回帰という《自治体改革》の新しい危機をめぐって、本書は、日本の《自治体改革》の基本軸となる「二〇〇〇年分権改革」の意義と課題、さらに自治体改革の今日的すすめ方について、その再確認をめざす。

自治体財政破綻の危機・管理

加藤 良重

定価 1,470円（本体 1,400円＋税）
ISBN 978-4-87555-615-2

国・自治体をあわせた借金総額が1000兆円を超え、世界最悪。2009年には期待された政権交代もあったが、中央官僚の抵抗にあって、自治・分権の行く手に暗雲がかかったままである。今こそ、自治体は、行政・財政の自己改革を徹底しなければならない。

自治体連携と受援力
～もう国に依存できない

神谷 秀之・桜井 誠一

定価 1,680 円（本体 1,600 円 + 税）
ISBN 978-4-87555-621-3

東日本大震災は、自治体間の相互支援・国に頼らずに自治体が自発的に行動する新たな政治・行政の姿を映し出した。自立した個々の自治体が「受援力」を身につけ「支援力」を磨くとは？。

ゼミ・勉強会テキストに最適

政策転換への新シナリオ

小口 進一

定価 1,575 円（本体 1,500 円 + 税）
SBN978-4-87555-616-9

日本の人口減少は、今後の自治体運営に大きな影響を及ぼし、既成自治体政策の総合的見直しや改革、さらには地域社会の未来を展望した新たな政策づくりを必要としてくる。

本書は、自治体政策の大胆な組み替えと削減案を提起する。